백성희 언니,

그럼에도 불구하고
울며 기도하며
이 책을 썼어요.
May the Lord
watch you~!!

2019. 11
길애옥 드림

그대가 나의 편지

김애옥 산문집

김애옥 산문집

연극과인간

나의 나 되는데

도움을 준

이 글의 등장인물들에게

깊은 감사를 드리며

두 손!

-2019년 가을,

김애옥

글 싣는 순서

묶음 하나,

물도 정들면 피보다 낫다든가

1. 갓 구운 당신의 쿠키처럼

경애하는 미시즈 헌틀리, 먼데이 미팅의 안경 쓴 고수머리 여학생 애오기예요. 헌틀리 목사님 유해와 함께 80년 광주민주화운동의 진실을 증언하기 위해 광주에 오셨다는 뉴스를 보았어요. 화면으로 뵌 모습은 전보다 살이 좀 찌셨지만 건강해보여서 좋습니다.

월요일 저녁마다 선교사님 댁 거실에 모여 '굿뉴스 바이블'로 공부하고 자유롭게 토론하던 그 시절이 그립습니다. 여중생이었던 전 비밀의 화원 같던 양림동 선교사동산이 몹시 궁금해서 개구멍으로 들어갔다 수위할아버지한테 들켜서 혼났었죠. 먼데이 미팅 멤버가 된 것은 행운이에요. 요즘은 그곳을 호랑가시나무언덕이라 부른다네요. 역사문화마을로 보존되어 다행이에요. 어떤 분이 '세월의 더께를 우월하는 아름다움은 없다'고 했는데 제겐 추억 한가득 마음의 보석상자 같은 곳이지요.

언론인 출신인 미시즈 헌틀리의 능수능란한 진행으로 화기애애한 분위기가 좋았고, 직접 구우신 쿠키가 참 맛났어요. 겨울이면 활활 타오르던 페치카도 생각납니다. 할로윈데이 때면 현관 앞에 도깨비 모양의 노란 호박이 불 밝히고 있었죠. 피아노 반주에 맞추어 서로 어깨에 손을 얹고 온 집 안을 빙글빙글 돌기만 해도 즐거웠어요. 버스가 끊겨 밤새 집까지 걸어가도 좋았어요. 눈길을 걸었던 그때를 떠올리면 뽀드득뽀드득 소리가 들리는 것만 같아요.

어느 날, 제 머리에 새치가 보이니까 헌틀리 목사님이 깜짝 놀라시며 "애옥, 흰털 났어!" 하시는 겁니다. 또 바람 쏘이러 시내 간다는 말씀을 "바람 피러 시내 간다" 그러셔서 얼마나 웃었는지 몰라요. 정말 정 많고 인자한 분이셨지요. 약간 공처가 스타일이셨던 것 같습니다만 아닌가요.

그때나 지금이나 영어를 잘하지 못하는 것 보면 어학에 소질이 없나 봅니다. 말보다 글이 편한 사람으로 살아가고 있어요. 그런데 이 순간, 삶의 방식이나 태도에 대하여 내면의 소리에 귀 기울이며 살지 못한 점이 스스로 아쉽습니다. 나약하고 현실에 안주하고 있는 소시민 애오기가 보일 뿐입니다.

인간존엄에 대하여 최고의 가치를 실천하며 사셨던 두 분을 생각하니 부끄러워집니다. 비극 앞에서 결코 구경꾼으로 머물지 않으셨음을 알고도 남음이 있습니다. 광주에서 무슨 일이 있었는지 직접 찍은 사진들을 사택 지하 암실에서 현상하셨다고요? 저 그 지하실 생각나요. 좁고 검소한 공간이었는데 '안네의 일기'의 다락방 같은 역사적 공간이었군요.

미군은 헬기를 동원해 선교사님 가족을 미공군 기지로 이동시키려고 했지만 거절하셨다고 들었습니다. 광주 사람들을 두고 그냥 떠날 수가 없어서 선교사동산에 남기로 했다는 말씀에 숙연해졌습니다. 어린 자녀들도 있었는데요. 여사님이 '우리가 광주 있었을 때보다 더 행복한 적은 없다'라고 인터뷰하신 장면을 보고 울지 않을 수 없었습니다. 헌신했던 나라에서 강제 추방당한 지난날, 많이 미안하고 죄송합니다.

순전하였던 그 시절로 돌아가고 싶습니다. 당장 빛고을로 달려가 만나고 싶습니다. 여사님의 풍부한 제스처와 호탕한 웃음소리가 그리워요. 오븐에서 꺼내자마자 입에 넣어주셨던 갓 구운 쿠키를 떠올리기만 해도 따듯해져 옵니다. 선교묘역에 계신 헌틀리 목사님을 곧 찾아뵙겠습니다. 우리들의 미시즈 헌틀리, 사랑합니다.

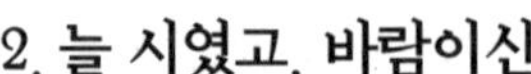

2. 늘 시였고, 바람이신

선생님, 시집 잘 받았습니다. 먼저 연락 주셔서 염치가 없습니다. 못난 제자는 변명 못 합니다. 애오기가 있는 서울이라고 여름휴가를 무조건 가족과 서울로 오셨던 그 사랑을 어찌 흉내 낼 수 있겠습니까? 사람의 마음이 지극하면 하늘과도 통할 수 있다고 하지요. 그래서 선생님은 시를 쓰시고 가르치시나 봅니다. 제게 시는 너무 어렵습니다. 시가 하늘은커녕 뱀이나 전갈같이 느껴집니다. 이런 저도 시인이 될 수 있을까요? 멕시코 시인 옥타비오 파스 시집을 손에 쥐어주셨던 선생님이시잖아요.

선생님의 영미문학 수업은 늘 시간을 초과하셨죠. 쉬는 시간도 없이 시를 읊듯이 낭만적인 어투로 열강 하시던 모습이 생각납니다. 캠퍼스커플로 열애 중이었던 전 어서 수업이 끝나기를 바라면서 그런 선생님을 원망했고요.

어리광 좀 부렸습니다. 사실 스승의 시를 읽는 제자의 마음은 숙연해졌습니다. 시는 후루룩 읽어내는 것이라고 가르치셨지만 시어들의 행간을 놓치고 싶지 않은 욕심이 앞섰습니다. 선생님의 깊은 우물을 조금이라도 더 들여다보고 싶었습니다. 고향 같고, 스승 같고, 우주 같은 시를 어찌 가벼이 들이킬 수 있단 말입니까.

이제야 알겠습니다. 제가 무척 힘들어하고 있을 때, 선생님은 엽서 한 장을 보내주셨습니다. 단 한 문장이었습니다. '고통을 소리 내어 말하지 말고 침묵하라.' 선생님의 삶이 그러하셨을 것입니다. 지난한 시기에도 삶에 어리광하지 않으셨을 것입니다. 원초적인 고독을 보듬은 채 희로애락을 결 고운 정공법으로 상대하며 시의 그늘에서 잠시 호흡을 가다듬으셨을 것입니다. 그리고 심연의 바람일랑 선생님만의 외딴방으로 불러들이셨을 것입니다. 니체가 그랬다지요. '그대가 오랫동안 심연을 들여다볼 때, 심연 역시 그대를 들여다본다.'

선생님은 신의 존재를 믿고 기도하는 분이 맞으시죠? 절대로 구복신앙이 아닌 현존 그 자체로 신과 함께 살아오신 분임을 확신합니다. 선생님의 시 '순간'을 읽으며 울컥하였습니다. 까칠하고 피곤한 신의 인성까지도 껴안고 사랑하는 신심은 겸손하다 못해 신의 깊은 뜻을 헤아리려 애쓰시고, 인간으로서의 예의를 갖춘 아름다운 항복을 엿볼 수 있었습니다. 그래서 세상에 밟히고 찢기고 두들겨 맞은 뒤 수억 년 묵은 햇살이나 빛살에 벼락 맞듯 씻긴 선생님의 영혼을 사랑합니다.

선생님을 뵈러 가을여행을 나서고 싶어집니다. 자동차가 아니라 기차를 타고 가고 싶습니다. 찌그러진 양은 냄비 안에서 끓는 동태찌개를 마주하고 선생님의 나직하고 눅진한 삶과 문학 이야기를 듣고 싶습니다. 그렇게만 된다면 세상살이로 방전된 에너지를 충전할 수 있을 것만 같습니다. 아무리 비루한 상황이어도 선생님 말씀을 듣고 나면 이슬방울에 비치는 햇살 한 점 떠올리며 아름답게 승화할 수 있을 것입니다.

사제지간의 인연으로 동시대를 살고 있음은 축복입니다. 신의 편애입니다. 공평하지 않은 신께 감사합니다. 귀한 시집 〈역행〉을 접한 소감을 마감합니다. 기다려주십시오.

3. 나를 더 사랑하는 법

〈나를 더 사랑하는 법〉 책이 동기가 되어 '감성계발' 수업을 개설할 수 있었습니다. 비교하지 않고 절대적인 지지와 격려만 있는 수업입니다. 저자님 덕분입니다. 고맙습니다.

오늘 수업 이야기를 해드리고 싶어요. 살면서 가장 슬펐던 일, 화가 났던 일, 그리고 기뻤던 일 중에서 한 가지 주제를 선택하여 발표하는 시간이었습니다. 학생들의 프라이버시를 존중하는 의미로 실명대신 꽃이름을 붙이겠습니다. 실제 수업에서도 이름대신 각자가 정한 별칭을 사용합니다. 이 시간만큼은 세상의 이름표를 떼기로 했어요. 제 별칭은 베티에요. 섹스 심볼에서 당찬 여성의 아이콘으로 우뚝 선 애니메이션 캐릭터 베티 붑에서 따왔지요.

강아지풀은 친구의 죽음을 떠올리며 검은 튤립 이야기를 하였습니다. 갯버들은 엄마와 같은 공장에서 일한 적이 있는데, 어느 날 딸이 얼마나 힘든 일을 하고 있는지 엿보고 우시는 엄마와 밤새 내내 같이 운 이야기를 하였습니다. 어머니와 딸의 눈물이 진주가 된 날이 아니겠습니까? 과꽃은 아버지가 다른 동생의 이야기를 담담하게 하였습니다. 금잔화는 초등학교 때 좋아했던 남자친구의 죽음을 떠올리며 펑펑 울었습니다. 난초는 새엄마로부터 독립하여 사는데 집단 따돌림을 당했던 아픔을 이야기하였습니다.

목련은 혼자 공원에 갔다가 낯선 남자에게 나쁜 일을 겪은 것을 말했습니다. 나처럼 못생기고 뚱뚱해도 절대로 무기가 될 수 없고 대

낮이어도 안심할 수 없으니 제발 조심하고 다니라며 힘든 이야기를 애써 웃으며 했습니다. 초롱꽃은 일곱 살 때부터 이혼한 엄마와 단둘이 살면서 겪은 일들을 이야기하였습니다. 힘든 일이 있을 때마다 끄적거린 낙서 노트를 보여주었습니다. 무궁화는 자살을 기도한 친구가 입원한 병원에 가보지 못한 자신에게 화가 난다고 하였습니다. 물망초는 좋아하는 아이돌 그룹이 인기가 치솟아 자기 차지가 안 되니 화가 난다 하였습니다. 버드나무는 혼자서 노숙자처럼 살았는데 누군가의 손길이 기적이 됨을 경험한 적이 있다고 하였습니다. 베고니아는 수능고사가 힘들고 화가 나고 슬프고 기쁜 모든 것을 결정해준 일이라 하였습니다.

수선화는 친구 아버지가 췌장암으로 돌아가신 일이 가장 슬펐다고 하였습니다. 영산홍은 서울주택도시공사에 가장 화가 난다고 하였습니다. 갑자기 나가라고 쫓아내서 하고 싶지 않은 이사를 하게 되었다고 합니다. 유자나무는 의지적 죽음을 택한 아버지를 떠올리며 '하늘나라에 계실 아버지께' 제목의 편지를 담담히 읽어 내려갔습니다. 양지꽃은 자신의 분신처럼 키운 햄스터 딱지가 죽어서 딱지에게 보내는 편지를 읽으며 펑펑 울었습니다. 수국은 엄마의 생일날인 것을 깜박하고 엄마에게 짜증낸 일이 가장 화가 나는 일이라고 하였습니다. 시골 개척교회 사모 일을 기쁘게 감당하고 계시는 엄마시랍니다.

포인세티아는 고등학교를 자퇴하고 혼자 생활할 때가 가장 힘들고 슬펐는데 검정고시를 거쳐 우리 학교 입시에 낙방하였다가 충원 합격한 일이 최고의 기쁨이라고 하였습니다. 해바라기는 7살 때지만 자기와 장난치고 잘 놀아주던 삼촌의 죽음이 생생하다 하였습니다. 채송화는 사랑받고 싶었는데 술 드시고 친척들 앞에서 자신의 머리채를 잡고 폭력을 행사하신 아버지를 떠올리면 화가 난다 했습니다. 그 아버지가 폐암으로 돌아가셔서 지금은 가장 슬프다고도 했습니다. 동기들에게 제발 담배 피지 말라고 당부했습니다. 무궁화는 일하시는 부모님 대신 동생학교에 갔는데 담임선생님이 동생 머리를 벽에 부딪히며 때렸음을 알고도 항의하고 보호하지 못한 자신에게 화가 나고 슬프다고 하였습니다. 백일홍은 힘들 때 찾아가면 부모처럼, 언니처럼 대해주시는 고2 담임선생님 이야기를 했습니다. 나도 남에게 기쁨이 되는 사람이 되고 싶다고 하였습니다.

패랭이꽃은 외삼촌이 산소 호흡기를 떼자마자 삐 하고 울리며 숨을 거두신 순간이 가장 슬펐다고 하였습니다. 자운영은 아르바이트하는 곳에서 걸레질을 하고 있는데 추가 합격되었다는 학교전화를 받고 세상을 다 얻은 것처럼 기뻤다고 하였습니다. 데이지는 성우학원에 다니며 성우가 되는 꿈을 준비하는 일이 가장 기쁘다고 하였습니다. 봉선화는 자기가 키우던 백구를 누가 훔쳐갔는데 몇 개월 후 돌아와 너무 기뻤다고 했어요. 다시 또 누군가가 훔쳐가 이제 돌아오지 않는 백구를 생각하면 너무 슬프다고 하였습니다.

그리고........

울음바다가 되기도 하고 웃음바다가 되기도 한 시간이었습니다. 진한 포도주 같은 수업이었다고 말하고 싶어요. 포도 한 송이, 한 송이는 각각이지만 그것들을 단지에 넣고 밀봉시켜 숙성, 발효되면 멋진 포도주가 되는 원리라고나 할까요? 오직 그 시간 함께한 우리들만의 나눔으로 서로 보호해줄 것입니다.

거듭 감사드려요. 저자님의 책 〈나를 더 사랑하는 법〉은 여리지만 성숙으로 가는 영혼들을 깊은 감성으로 안내해주었습니다. 누군가의 삶이 누군가의 무심한 목소리나 한두 문장으로 요약될 수 없음을 깨닫게 해주었고요. 그래서 인생은 달리는 말을 문틈으로 보는 것이라 했나요?

4. 자크와 다니엘처럼

'오빠 편지를 읽고 또 울었다. 누구보다 순수하게 살고 싶었기 때문이래. 좀 더 정직하게 세상을 살아가려다가 이렇게 된 거래. 이젠 아버지도 오빠를 조금은 이해해주신단다. 난 전적으로 오빠 편이고.'

이렇게 시작된 편지였다. 내가 받은 손편지들을 모아둔 박스를 열었다. 이사할 적마다 가족의 핀잔을 듣지만 어떤 짐보다 소중히 챙기는 보물 상자, 거기에 내 친구 원이가 있었다. 〈회색노트〉의 자크와 다니엘처럼 우리 둘은 한동안 매일 편지를 써서 서로의 책상 서랍에 넣어두었었지.

오빠가 수배 중일 때 너에게 보낸 편지를 읽고 썼던 편지 맞지? 그리고 그 편지에 진리란 없다고 했더구나. 옳고 그름이 없는 세상의 이치를 그때 벌써 깨달은 것일까? 맞고 틀리고가 없고, 좋고 나쁘고가 없는 세상이 진리가 없는 세상일까?

그리고 또 이렇게 적었더구나. '너무 초라하고, 너무 아름다운 곳이다 세상이란. 마치 널려놓은 빨래들처럼...' 아직도 그렇게 생각하니? 내가 왜 널 좋아하는지 아니? 시대적 고민을 하면서도 이념 이전에 사람 우선의 생각을 놓치지 않아서야. 그래서 네가 바라보는 세상은 항상 사람이 있는 풍경이잖니. 널 생각하면 전우익 선생이 하신 말씀이 떠올라. '혼자만 잘 살믄 별 재미 없니더. 뭐든 여럿이 노나 갖고. 모자란 곳을 두루 살피면서 채워 주는 것, 그게 재미난 삶 아니껴.'

지혜학교, 철학 대안학교라니 멋지다. 인생이 뭔지 사랑이 뭔지를 알려주는 학교에 내가 먼저 입학하고 싶구나. 어떻게 후원하지 않을 수 있겠니, 조금이나마 보탤게. 그럼에도 불구하고 사회가 바르게 가고자 하는 흐름인 것은 너나 오빠 같은 사람이 고민하고 실천하는 삶을 이어가고 있어서야.

그런데 원아, 내가 자크였니, 다니엘이었니? 난 네가 예민한 감각과 성숙한 태도를 지녔던 다니엘로 생각했어. 자크가 다니엘에게 쓴 편지 중에서 우리의 오랜 우정을 떠올리며 옮겨볼게. 네 마음이 곧 내 마음이야.

'고민하고 사랑하고 희망하기 위하여
이 세상에 태어난 나는 희망하고 사랑하고 그리고 고민한다.
나의 일생은 이 두 줄에 들어있다
나에게 살아가는 힘을 주는 것은 사랑
그리고 내가 가진 사랑은 하나
그것은 너.'

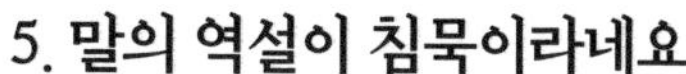

5. 말의 역설이 침묵이라네요

소머즈 언니, 먼저 언니가 되어주겠다는 제안, 고맙게 받을게요. 언니의 후광을 업고 지낼 것을 생각하니 벌써 든든해요.

이제 막 '마음의 씨앗' 봄피정을 다녀왔어요. 4계절을 다 경험해야 수료가 되는 피정프로그램 중 3계절을 마쳐서 여름피정만을 남겨놓고 있어요. 투우 중 지친 소가 안전한 자신의 피난처로 삼는 곳을 '커렌시아'라 한다고 해요. 그 커렌시아 같은 '바람과물연구소'에서 회복을 소망하며 3계절을 만났어요. 시인 김지하 씨가 지은 이름이라는데 가평 깊은 골짜기에 있어요. 잠시 숨을 고를 수 있는 최적의 장소입니다. 훈련되지 않은 마음은 아무 소용이 없다고 했나요? 내 스스로 괜찮은 사람이라는 생각이 들어요. 끊임없이 내면적 활동을 위한 무언가를 모색해가고 있으니까요.

봄피정의 주제는 '새로움과 역설'이었어요. 역설의 힘을 깨쳤다고나 할까요? 도전이며 소중한 가치로 다가오네요.

말의 역설이 침묵이라지요. 기대의 역설이 우려이고 불안이구요. 끝의 역설이 시작이고, 깸의 역설이 잠이라면 죽음의 역설은 삶이고, 들숨의 역설은 날숨일 테지요.

봄이 보입니다. 연초록의 빛들이 내 안에 스며들고 있어요. 형형색색의 꽃들이 안겨옵니다. 봄의 풍경이 자리하고 있습니다. 가족의 죽음으로 얼어붙은 우울의 기운이 걷혀가고 가슴 한가운데에서 새싹이 돋음을 느낍니다. 치유의 싹들입니다. 감정이라는 것, 뇌수에 마냥 흐르도록 방치하기보다 알아차려 가며 조율해주어야 하는 작업 같아요. 봄은 이렇게 푸르른 찬란함으로 치유력을 맛보게 하는 고마움이 있네요.

봄의 절정을 올해처럼 느껴본 적이 없어요. 그동안의 결핍이 풍요로의 역설로 다가오나 봐요. 봄의 결핍은 자연에 비해 간사하고 얄팍한 인간의 마음이 아닐까요. 이 결핍이 좋습니다. 다시 피는 꽃으로 살 것이니까요. 욕망만 가득한 채 정리되지 않는 영적 게으름을 역설로 바꾸고 싶어지네요.

걱정하지 마셔요. 동굴 아니고 터널인 것을요. 소머즈 언니가 말한 빛이 어느 사이 와있는 것을요. '마음의 씨앗' 프로그램은 파커파머라는 분의 사상과 철학을 닮고자 한 스터디모임이 발전한 것이라고 해요. 무엇을 해야 한다는 프로그램이 아니라 자신이 자신을 온전히 바라보게 자연 앞으로 안내만 해서 평안했어요.

이제 커피 한잔하려고요. 대구에서 보내주신 커피콩이 세 봉지나 있으니 일용할 양식이 가득, 향기만 맡아도 행복해요.

내 동생 국화는 여전히 보고 싶어요. 시간이 약이라는 말, 싫었는데 어둠이 계속되다가 정말 어느 순간 빛이 들어오네요. 지금이 그래요.

6. 사람을 위한, 사람에 의한

애정하는 칼라샘, 우리가 동병상련이라는 사자성어를 이런 경우로 나누다니요. 잔인한 운명입니다. 동생분과의 추억이, 충분히 사랑해주지 못한 시간의 아쉬움이 새록새록 떠오를 텐데 이 노릇을 어떡해요. 고흐에게 테오가 있었다면 칼라샘에게는 누나의 재능을 알고 지지해주던 동생분이 계셨던 것을요. 서둘러 그렇게 저세상으로 가버린 야속함일랑 인간의 생각으로 어찌 다 헤아릴 수 있겠어요. 신의 몫으로 남겨두어야지요. 우리가 아무리 해결하려 해도 되지 않는 일인 것을요.

큰 변고를 당하셨을 때 곁에 있지 못해서 내내 죄송합니다. 동생분, 갑자기 가셨으니 많이 아파하지 않고 가셨습니다. 어떤 위로의 말도 지금 받아들여지지 않겠지만 그렇게라도 위로해드리고 싶어요. 우리 국화는 '언니, 머리가 너무 아파. 같이 병원에 가주라.' 그랬고 극심한 통증을 호소하다 의식을 잃었습니다. 꼭 낫게 하고 싶었어요. 서울에서 안성을 오가며 수업하면서 매일 두 번씩 병원에 갔어요. 잠자는 숲속의 공주처럼 누워있는 막내를 만지고 닦아주었어요. 의식을 행하듯 발을 붙잡고 깊은 뽀뽀를 해주었어요. 주문처럼 하고 또 하던 말, '그라시아 김국화, 언니 왔다. 사랑한다 평안하거라!'

기도도 소용없었습니다. 지독한 슬픔과 무기력감에 젖어있다가도 불현듯 화가 나요. '하나님, 우리 국화만은 안 된다고 사정했잖아요. 너무하시는군요. 어디 마음대로 해보세요. 나도 데려가고 싶으면 어서 데려가 버리라구요. 당신, 마음대로 하실 수 있는 분이잖아요.' 운전하면서 소리를 버럭버럭 지르고 울부짖었어요. 달리는 차 안에서는 온전히 혼자일 수 있으니까요.

칼라샘, 조용히 먼저 모임자리를 뜨셨지요. 씩씩하고 밝던 분이

처진 어깨, 힘없는 발걸음의 뒷모습에 마음이 짠하고 아파요. 선생님, 동생분은 훌륭하고 멋진 누나의 동생임이 분명 자랑스러웠을 것입니다. 그리고 여전히 행복하고 좋은 그림 많이 그릴 것을 바라고 있을 거예요. 칼라샘, 기운 차리세요. 아니 충분히 슬퍼해 버립시다. 우리에게 그 편이 나을까요?

언젠가 제가 선생님에게 사랑지상주의자냐고 물었어요. 그러니까 선생님은 사람을 위한, 사람에 의한, 사람의 사랑을 지지하는 휴머니스트 징도는 된다고 답하셨지요. 슬픔도 모으면 힘이 된다는 말, 물도 정들면 피보다 낫다는 말, 저 믿을래요.

7. 굿바이, 코린!

코린, 캠퍼스에 함박눈이 내릴 때 캘리포니아에서 온 네가 눈을 보고 떠나게 돼 참 다행이야. 교환학생과 회화 상대 권유를 받았을 때 망설였지만, 지나고 보니 한 학기 동안 1주일에 두 번씩 만난 그 시간이 좋은 추억이 되었어. 그래서 추억은 지나기 전에는 돌덩어리, 지나고 나면 금덩어리라고 했나봐. 내가 얼마나 영어와 안 친한가를 재삼 확인한 시간이기도 했지. 그러나 오랫동안 감추고 싶은 과거의 충격이 현재까지 진행되고 있음을 마주하고 인정하게 돼 성장한 느낌이야.

코린, 아이와 둘만의 미국 생활은 너무 힘들었단다. 영문학을 전공한 내가 영어 좀 하는 줄 알았다가 모든 것을 혼자 해결해야 하는 상황에서 언어라는 장벽에 크게 당황했고 그때부터 영어가 무서워지고 쓰기 싫어져 버린 거야. 필기시험만 잘 보면 높은 점수가 나오는 한국식 교육의 문제이기도 하지. 그래서 제자들에게 나 같은 영어를 하면 안 된다고 항상 강조한단다. 쉬운 영어도 잘 못하게 되어버린 계기가 오히려 미국 유학생 신분이었을 때라니 이 모순을 어떻게 설명해야 할지 모르겠다. 그래서 사실 회화 파트너로 동의하는 데 용기가 필요했던 거야.

망설이다가 그대를 맞이한 첫날, 연구실 문 앞에 '웰컴, 코린!'이라고 적어놓으니 깜짝 놀라며 좋아해 서로 마음 문이 열렸지. 얼마 전에는 '사랑의 고통'이라는 주제로 말하다가 감정이 복받쳐 눈물을 흘리기도 했으니 이제 영어와 좀 친해진 것 같아. 그날 이후 코린 아가씨는 교수 아줌마를 만날 때마다 포옹하는 걸 보면 가슴으로 들어주었음이 분명해.

'정 들자 이별'이라고 벌써 교환학생 기간을 마치고 돌아간다니 아쉽기만 하구나. 엄마의 남자친구 사진을 당당하게 보여주고 함께 여행한 이야기를 하는 네게 문화의 차이를 느꼈지만, 동서양을 떠나 인간은 서로 눈을 맞추며 진실로 대할 때 따스한 기운이 흐름을 느낄 수 있었어.

코린, 나도 너처럼 채식주의자가 되면 자본주의의 많은 욕망으로부터 자유로워지고 몸도 가벼워질 수 있을까? 너도 나처럼 세상과 소통하는 방법으로 메일을 이용한다니 다행이야. 온라인으로 더욱 깊어지는 우리의 우정을 기대한다.

내가 전하는 이 한 마디, 그대가 읽게 되길 바라며
"Good bye and take care Corrinne!"

8. 사과, 받아주세요

J, 오랜만에 안부 전해요. 요즘도 연주여행 다니면서 많은 사람에게 감동을 주고 있겠지요? 어쩌면 그렇게 열정적으로 건반 위에서

감정표현을 잘하는지 경이로웠어요. 미안하지만 연주하는 동안은 선천성 시각장애우라는 사실을 잊었어요. 밝고 거침없는 성격도 인상적이었어요. 내게 무슨 향수를 쓰냐고 물었고, 긴 드레스 연주복을 입고도 스타킹 올이 나간 것 같다며 갈색 스타킹을 하나 사달라 했던 싱그럽고 멋진 피아니스트 아가씨!

최근 지인의 권유로 '블라인드레스토랑'이라는 곳에서 완벽한 어둠을 경험해 보았어요. 그곳에서 더듬어가며 식사하다가 그대의 낭랑한 목소리와 웃음소리가 순간 내 귀에 다시 들리는 것만 같았어요. 왜였을까요? 그 이야기는 조금 있다 하기로 하고 먼저 '블라인드레스토랑' 간 체험담을 말하고 싶네요.

음식이란 혀의 미각만이 아니라 눈으로 보는 시각적 요소도 중요하다고 생각해요. 깜깜한 상태에서 식사한다는 사실을 그저 색다른 경험 정도로 기대했지요. 그런데 빛 한 줄기 없는 암흑세계 속에 빠진 지 얼마 지나지 않아 우주의 미아가 되어 부유하는 듯 공간 감각과 시간 감각이 없어지고 어지러웠어요. 심지어 자신의 실체조차 존재하지 않는 것 같은 두려움에 내 몸을 내가 만져보기도 하였어요.

어둠이라 할지라도 실제로는 전자제품에서 나오는 빛이라든가 갖가지 빛에 노출될 수밖에 없는 환경에서 살고 있는 나로서는 신기

함을 넘어 공포심이 들기도 하였어요. 귀가 안 들리는 것은 어떡하든 견뎌보겠지만 눈이 안 보인다면 정말 힘들 것이라 하셨던 할머니 말씀과 까맣게 잊고 있었던 그대가 섬광처럼 떠올랐어요.

오감 가운데 시각을 빼앗기고 음식의 냄새를 맡으며 그릇들이 부딪히는 소리와 씹히는 촉각만으로 요리를 음미하다가 불현듯 그대의 전화를 상투적인 말로 응대했던 순간이 내 의식 속에 끼어들었어요. 경계심으로 무장한 목소리를 그대는 명민한 청각으로 감지했을 거예요.

미안해요 J, 연락하라며 명함을 건넸으면서도 정작 목소리를 듣는 순간 시간에 인색한 이기심이 앞서고 말았어요. 그대는 그 후로 다시 연락하지 않았지요. 왜 좀 더 반갑고 따듯하게 통화하지 못했는지 후회되고 부끄러워요. 용서를 빕니다. 내 사과를 받아 주세요.

레스토랑을 나오니 길가 가로등불이 낯설게 느껴졌어요. 이 빛으로 내 형상을 가질 수 있고 볼 수 있음이 감사했어요. 빛과 어둠은 분리되어 있는 별개가 아니라 하나가 아닐까요? 어둠은 밝음에서 생긴다고 했지요. J, 그대가 가진 환한 빛으로 나를 다시 불러주오. 노을을 들려줄게요.

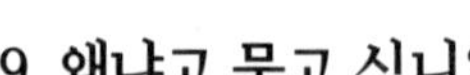

9. 왜냐고 묻고 싶니?

릴리, 선물 잘 받았어. 뉴욕에서 온 물건인데 한지로 겹겹이 싸고 펜으로 쓴 카드를 보고 사랑은 최고로 예우하는 것이라는 말을 다시 한 번 실감, 뭉클하였어. 여행자편에 부탁하는 것이 미안해서 가벼운 선물을 고르느라 스카프를 선택하였을 네 마음도 헤아려지더구나.

별로 잘 지내지 못했던 미국생활 가운데에서도 네가 매일 준비한 사과 하나를 나누어 먹으며 루트 원 도로를 같이 다녔던 그 시간이 좋은 추억으로 남는구나. 그때부터 아침에 꼭 사과 먹는 습관이 생겼어.

엊그제 우리 대학 근처에 있는 절, 칠장사에 갔었다. 청명한 가을 하늘을 배경으로 입구에 서 있는 단풍나무는 마치 빨간 꽃나무 같았어. 작은 가지 하나를 꺾고 말았다. 알고 저지른 죄도 가끔은 용서받을 것만 같아서 말이야. 북적대는 세상으로 내려오기 싫어 보름달이 뜰 때까지 몇 시간을 붙박이처럼 그 자리에 머물다 왔단다.

뉴요커로 열심히 살고 있는 릴리, 나이는 한참 어리지만 늘 긍정적으로 생각하고 겸손한 모습에서 내가 많이 배운다. 그러나 때로는 안쓰러운 마음이 들 때도 있음을 고백한다. 왜냐고 묻고 싶니? 혹시 가슴 안에 숯검정 한 바구니 안고 살면서도 남에게 배려하고 인내하며 그렇게만 사는 착한여자 콤플렉스가 있는 것은 아닌가, 잠깐 그런 생각까지 해보았어. 나도 가끔 착하게 살아야 한다는 강박관념으로 별로 행복하지 않을 때가 있거든.

혹시 그렇다면 릴리, 엄마의 딸로, 언니의 동생으로, 친구로, 그리고 직장동료로 그렇게만 사는 네가 아니라 자유인 릴리로 살라고 말해주고 싶어. 화가 나면 화도 내면서 말이야. 우리 너무 타인 중심으로 살지 말고 나부터 사랑해보자. 세상의 중심은 나라는 말도 있잖니.

십자수 놓듯 성실하게 삶의 무늬를 아름답게 그려가고 있는 릴리, 우리는 여전히 산적한 문제를 해결해가며 살아야겠지? 깊은 산속에서 홀로 닦는 도보다, 세상 가운데서 삶을 살며 깨닫는 생활수련이 더 값지지 않을까 생각해. 같이 만들어 먹던 아보카도 넣은 캘리포니아 롤을 먹고 싶구나. 남은 가을 몽땅 다 가져!

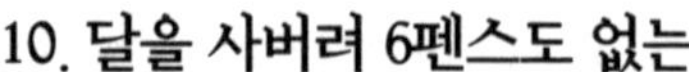

10. 달을 사버려 6펜스도 없는

가사처럼 '등이 휠 것 같은 삶의 무게여~' 그러고 싶을 때도 있지만 난 좋고 아름다운 것에 대한 동경과 몰입에는 항상 올인하고 싶어져. 오늘 대형사고 쳤다. 그래서 기분이 좋아. 고암 이응노 화백의 제법 큰 판화 한 점을 우리 집에 걸었다.

샤갈전에 갔어. 전시회장 입구에 들어서는데 맞은편에 전시되어 있는 두 연인이 하늘을 날고 있는 '도시의 연인들' 작품과 눈이 마주치는 순간 눈물이 핑 돌았어. 샤갈은 세상을 보는 영혼이 언제나 맑음이야. 나이가 들수록 더욱 색채가 화려하고 과감해지고 꽃들의 크기도 커졌어. 대작들은 거의 일흔 이후의 작품들이라니 나이 듦이 나쁘지만은 않나 봐. 우리 나이 듦에 너무 초조해하지 말자. 백세시대라니 하는 수 없이 오래 살게 될지도 모르잖아.

샤갈 판화 진품은 2,600만 원, 1,800만 원이니 내 배짱으로는 엄두를 못 냈어. 18만 원 하는 카피작품은 짝퉁 같은 기분이 들어서 싫어. 내 철학이 하나 있다면 짝퉁은 원하지도 않고 사지도 않아. 차라리 시장에서 만 원짜리 옷을 사 입더라도 명품카피 짝퉁은 가짜인생 같아서 안 해.

아쉬운 마음을 달래며 시립미술관을 빠져나오다가 1층에서 발견한 이응노 화백의 '군상'이라는 판화 작품을 보는 순간, 정말 갖고 싶어졌어. 갑작스러운 욕망에 망설이다가 가나아트숍에서 나온 매니저와 담판해버렸다. 그 매니저는 내가 직업적인 콜렉터가 아니고 진정으로 갖고 싶은 순수애호가임이 느껴진다며 멋진 프레임 포함해서 파격적인 가격으로 주겠다는 것이야. 난 그녀를 최고로 멋진 전문인으로 명명하기로 했어. 그림 가격이 궁금하겠지? 좌우간 행운의 날이야. 6개월 할부로 카드 결제해버렸다. 점심은 3,500원짜리 짬뽕라면으로 때웠다. 좋아하는 커피는 참았어.

거실 한가운데 걸린 그림만 보고 있어도 배가 부르네. 그림 속에 뭔가 비장한 기운 같은 것이 감돌고 있어. 군상들의 역동적인 움직임이 세상을 향한 힘처럼 느껴져. 판화의 따듯한 질감이 느껴지기도 하고 말이야. 민주화운동이니 반핵운동을 의미한다는 그런 해석에 얽매이지 않으려고 해. 환희다. 동백림사건이니 윤정희·백건우 납치사건이니 그런 것과 작품은 연관 짓지 않으려고 해.

아, 일획으로 처리한 이 역동적인 군상들의 움직임이 지금 나와

소통하고 있어. 그렇게도 수덕사와 한국 땅에서 살고 싶어 했던 고암의 말년이 연민스럽다. 부인 박인경 씨가 고암의 한국행을 결사반대한 것으로 알고 있어. 그는 그리워하다 이국땅에서 별세하셨고, 지금 대전에 그의 미술관이 있지.

고암은 갔지만 그가 결코 놓치지 않았던 사람에 대한 애정이 작품에 물씬 난다고나 할까. 판화가 좋아. 유화처럼 딱 하나뿐인 작품은 아니지만 판화 한 작품 한 작품 다 진품이라고 생각해. 화가의 노고가 겸허하게 받아들여지기 때문이지.

사고는 종종 치지만 나 꽤 검소해. 안 믿기지? 어제 동네 헬스장에서 씻고 나서 화장품 샘플을 뒤적여 얼굴에 찍어 발랐더니 같이 운동하는 분이 "아이구 샘플공주 왔네?" 그러는 거 있지. 쿠폰 받아 샘플 타고, 매장에서 당당하게 얻어온 샘플을 쓰고 있어. 왜냐하면 올해 그림을 세 점 샀기 때문이야. 샐러리맨의 아내가 말이야.

달을 사버려 6펜스도 없는, 그래서 행복해!

11. 지구야, 놀자

지구야, 무척이나 덥고 비도 많았던 여름이었지? 참, 넌 더위만 있는 게 아니고 얼음덩어리 젊어진 겨울과도 같이 살고 있지. 요즘 사람들이 걱정을 많이 해. 네 몸속에 있는 화석연료를 너무 많이 사용해서 온도가 높아지고 보석처럼 가시고 있는 남극의 얼음 덩어리들이 녹아내려져 널 화나게 만들었다고 말이야.

너의 허파라는 밀림의 본고장, 아마존을 다룬 텔레비전 다큐프로그램을 보고 우리들이 개발이라는 명목으로 자연을 너무 많이 훼손하고 있는 것은 아닌지 미안해. 네가 속상해하고 고통의 눈물을 흘리고 있을 것만 같아. 혹시 네가 심술 부려서 쓰나미를 보내고 폭설을 내리게 하는 것은 아니니? 더 화나게 한다면 섬도 바다에 가라앉히고, 봄여름가을겨울 계절도 없애 버릴 거니? 무서워.

과학은 잘 모르지만 이렇게 믿고 싶어. 화석 좀 꺼내서 불태우고, 자동차 붕붕거리며 방귀가스 좀 내뿜는다고 사랑하는 지구인을 금방 멸망시킬 지구가 아니라고 말이야. 그렇다고 결코 환경보호에 모르쇠로 일관하는 사람은 아닌 거 알지? 남극의 얼음이 녹았다고 난리 피우는 우리에게 넌 이렇게 말할 것 같구나. "질량보존의 법칙은 자기들이 알아놓고선?"

난 믿어. 아마존의 나무 몇 그루 베어냈다고 네 폐가 망가질 정도로 그렇게 나약하지 않다는 것을. 넌 차가운 빙하를 끼고도 수만 년을 살았고, 가끔은 불 화산을 토해냈어. 아직도 그 뜨거운 기운을 토하고 있는 곳이 있지.

내 친구 지구야, 아마존이 예전엔 바닷길과 통해 있어서 돌고래가 바닷물과 민물을 오갔다며? 지각 변동으로 연결 수로가 차단되어 민물에서 놀던 돌고래가 바다로 돌아가지 못하고 죽어 없어질 수도 있었잖아. 그런데 넌 환경과 조화를 이룬 분홍돌고래로 변신시켜 그 종족을 유지하고 살아가게 하잖니. 돌고래가 환경에 잘 적응했다고 볼 수도 있겠지만 난 지구, 네가 요술을 부려 인류에 대한 사랑과 배려를 실천한 것이라고 생각해. 걱정은 뼈를 썩게 한다고 하였으니 걱정하지 않을래.

네가 기침 한번 하는 것이 바람이고, 기지개 한번 켜는 것이 바다 파랑이라 생각할래. 계속해서 널 힘들고 성가시게 하고 있어 많이 미안해. 네가 마냥 너그럽지만은 않을 텐데 말이야. 그래서 '우리 후손

들에게 물려줄 지구를 위해'라는 말은 좀 안 하도록 해보자고 주장하고 싶어. 널 마치 우리 소유물인 것처럼 멋대로 말하기 전에 호흡과도 같은 친구로 생각하고 싶은 거야.

지구야, 여하튼 잘 견디고, 이제 곧 멋진 단풍으로 우리 눈을 즐겁게 해줄 거지? 물론, 겨울엔 하얀 눈도 적당히 보내주는 거 잊지 말고 부탁해. 마지막으로 네 나이가 몇 억 살쯤 될 텐데 이렇게 반말해서 미안해. 내 친구 지구야, 사랑해.

12. 넘어진 지점에서 다시 시작해요

선배, 연구실 창밖을 보고 있어요. 처음엔 건물 맨 꼭대기 구석이라 불만도 있었는데 조망이 좋은 펜트하우스더라고요. 붉은 단풍잎이 참 곱네요. 단풍나무 아래 있으면 빨간 물이 들것만 같아요. 단풍은 자신을 올인한 결과라고 하는데 우리는 무엇을 위해 올인해 왔을까요?

건강과 일을 한꺼번에 잃어서 힘드시죠? 그런 선배에게 신호를 보내주신 하나님께 감사하자고 한 말, 혹 서운하셨나요? 열심히 살아온 선배인 것을 누구보다 잘 알아요. 오뚝이처럼 씩씩한 선배, 강건해서 무엇에다 쓰려고 하세요? 집 짓는데 기둥으로 쓰려고요? 선배는 운전하는 시간도 아깝다고 택시만 이용하셨잖아요. 늘 종종걸음으로 다니지 말고 이제 쉼표도 찍어가며 살아요. 선배도 그랬잖아요. 삶의 우선순위가 자연스레 바뀌는 걸 보니 병이란 것이 꼭 나쁜 것만은 아닌 것 같다고요. 언젠가는 병이라는 불청객이 잠시 머물다 지나갔다고 담담하게 말할 날이 올 것을 믿어요.

며칠 전 친구와 번개 했어요. 예정하지 않은 갑작스러운 만남 말이에요. 우리 인생도 번개처럼 병을 만나기도 하고 행운을 만나기도 하고 멋진 사람을 만나기도 하지요. 친구는 도예가 한 분이랑 같이 있었어요. 그분은 얼마나 맑고 밝은지 삶에 찌든 내가 드라이클리닝 되는 듯 내 마음도 환해졌어요. 그 흔한 손전화도 없더군요. 산속에서 도자기 굽는 가마 하나 가지고 산다 하셨어요. 욕심 덜 부리고 물 흐르듯 사는 것이 인생의 선 가운데 최고의 선이라는 말이 생각났어요.

선배, 예전에 바쁘지 않으면 괜히 불안하다고 하셨죠. 그래서 하루에 4시간 이상 자지 않고, 분 단위로 일정을 짠다고 했을 때 얼마나 놀랐는지 아세요? 선배는 그동안 앞만 보고 살아왔잖아요? 난 지금도 모르겠어요. 그렇게 치열하게 살아야 하는 이유를 말이에요.

이제 우리 몸의 주인으로 몸의 이야기도 들어가면서 살아보기로 해요. 넘어졌을 때 일어날 수 있는 방법은 내가 넘어졌다는 사실을 인정하는 데서부터 시작이라는 말, 전하고 싶어요. 선배가 인정했듯이 넘어졌음을 알았으니 넘어진 그곳에서 다시 일어나면 되지 않겠어요? 다른 곳에서 일어나려 말고 지금 넘어진 지점에서 우리 다시 시작해보기로 해요. 선배의 싱그러운 미소, 예쁜 눈 어디 안 가요.

이번 독감예방주사는 신종플루도 잡아준다니 꼭 맞으라는 당부대로 병원 다녀왔어요. 나도 선배에게 한 가지 당부할게요. 뱃속을 키우라는 말, 기억하세요. 뱃속이라는 말보다 우리 고향말로 뱃골을 키워야 한다는 말, 아시죠? 투병하고 회복한 분에게 치유과정을 물었더니 이 말을 강조하셨어요. 그러니 조금 먹어도 견딜 수 있는데 많이 먹는 것은 죄라는 말, 말아요. 음식이 보약이라는 말도 있잖아요. 고기도 먹고, 좋아하는 순대도 참지 말고 드세요. 건강 회복해서 같이 여행가기로 한 약속, 꼭 지켜야 해요. 새끼손가락 꼭꼭 약속해~.

13. 연탄집게 빼고는 다 가져가

경아, 아이 데리고 단둘이 캐나다 간다니 내가 우리 아이 데리고 뉴저지에서 힘들고 외롭게 지냈던 시간이 떠오르네. 먼저 경험한 선배랍시고 훈수 두려고 해. 향수병 걸려서 일찍 철수한 주제에 말이야. 그래도 일지사라는 말 있잖아, 하나를 배워도 스승이라는. 그러고 보면 스승은 어디에나 있는 것 아니겠니. 지금은 내가 네 스승이다.

일단 연탄집게 빼고는 다 가져가야 해. 전부 돈이니까. 요즈음 캐나다 달러가 올라서 미국 달러와 차이가 별로 없다지? 캐나다 유학 간 사람들, 그 때문에 철수하는 사람도 있고 기러기아빠는 더욱 괴롭다더라. 위력이 대단해진 캐나다 달러를 조금이라도 아끼려면 일단 무엇이든 가져가 보는 거야.

하루를 살아도 필요한 것은 다 필요하더라. 특히 속옷과 양말은 충분히 가져가. 거기서 산 양말은 세탁기에 집어넣으면 개 혓바닥 같이 되어버리더라구. 서양 속옷은 사이즈 종류가 너무 많고 자세해서 오히려 선택이 어려워. 우리 국산 면 속옷이 제일이야. 팍팍 삶아도 좋고 말이야. 참, 털실로 짠 친환경수세미 있잖아 그것도 여러 개 가져가. 가서 한식 먹을 테니 설거지할 때 유용해. 그리고 한인마트는 한국보다 당연히 더 비싸지.

결정하고 나니 이것저것 생각이 많지? 낯선 나라에 건강하지 못한 아이와 가서 살 일도 심란하고 언어 걱정에 돈 걱정도 될 것이고 지금의 네 심경 왜 모르겠니? 어려운 결정, 잘한 일이고 장하다. 특수교육은 그쪽이 우리나라보다 잘되어 있는 거 맞아. 시설보다도 건강한 아이들과 다른 지체아를 바라보는 시각은 우리가 배워야 해. 언어 장벽 외에는 교육환경이 훌륭할 것이야.

경아, 사랑이라는 게임은 이상하게 총알 많이 가진 사람이 지는 게임이잖아. 자식에게만큼은 총알 많이 가진 사람이 될 수밖에 없지, 그것도 평생! 그냥 열매도 주어버리고 가지도 주어버리고 몸체도 주어버리고 밑동만 남아도 말이야. 완전히 이해할 수는 없어도, 온전히 사랑할 수는 있다는 영화대사처럼. 아이가 더 나은 공동체 안에서 살아가도록 돕는 일이라면 뭐든지 해보는 네가 옳아. 네 사랑이 아이를 더욱 성장시킬 것이야. 존경하고 사랑한다. 내 글은 아니지만 선물로 전하고 싶은 두 줄.

폭우가 지나간 하늘에 무지개가 뜨기를!

황톳물이 휩쓸고 간 자리에 들꽃이 피어나기를!

14. 삶은 숙제가 아니라 경험해 나가는 신비

여행은 어디를 가느냐보다 누구와 가느냐가 중요하다고 하잖아요. 가까운 지인들과 함께한 강원도 여행길은 즐겁고 행복한 여정이었어요.

폭설로 더는 승용차가 갈 수 없는 곳에 다다른 우리를 실어 나르기 위해 달려오신 마을 어귀 저만치 트럭 안의 소설가 아저씨는 입이 귀에 걸린 표정으로 우리를 맞으셨고요. 사람이 살기에 가장 좋다는 해발 700고지, 강원도 평창 해피700에 예쁜 집 짓고 사는 덕분에 손님맞이는 이골이 붙으셨을 안주인 역시 요란하지 않은 진정으로 손님들을 편안하게 안내하셨어요. 저녁만찬은 잘 익은 김장김치와 된장찌개, 삼겹살, 그리고 와인 한 병이 전부였지만 우리는 깊어가는 겨울밤 타오르는 불꽃이 되었지요.

월남전에서 한 쪽 다리를 잃고 의족을 낀 소설가 아저씨는 자신의 파란만장한 삶을 동화책 읽듯 들려주셨어요. 고엽제의 2차 후유증인 자폐장애아 딸이 식탁에서 계속 소란을 피워도 소설가의 아내분은 따님과 손님의 적절한 교감을 지혜롭게 조율하셨어요.

아침에 일어나보니 처마 끝에는 기다란 수정고드름이 매달려 있었어요. 어릴 적 친구와 극적인 해후를 하는 듯한 반가움이 올라오더군요. 오대산 안으로 들어간 우리는 전나무숲에 걸린 눈꽃들의 고고한 풍경에 달리 표현할 감탄사를 포기하고 그저 걷고 느끼고 호흡하였습니다. 그리고 주문진의 짙푸른 겨울바다, 끊임없는 리듬으로 이야기를 들려주고 있는 파도. 두 팔 벌려 가슴 깊이 맞아들였습니다. 내가 파도를 보고 있는 것이 아니라 파도가 나를 보고 있었습니다. 저 멀리 수평선 너머의 세상, 공전과 자전. 이 세상 그 무엇이 나와 상관없을 수 있겠습니까? 우주가 내 것이고 내가 우주인 것을요.

우리가 소설가 아저씨 가족과 굿바이 인사를 한 곳은 아름다운 건축물로 유명한 대화성당이었습니다. 성당 내벽이 모두 도자기모자이크로 이루어졌고, 구조는 노아의 방주를 연상케 하였습니다. 주제가 있고 자연친화적인, 그리고 많은 헌신으로 지어진 성당의 모습이 인상적이었습니다.

이제 다시 일터로, 가정으로 돌아가 현실에 발을 딛고 살아가야겠지요. 그러나 두렵지 않습니다. 삶은 풀어야 할 문제가 아니라 경험해 나가는 신비니까요.

15. 빼건 빼고, 제자리로 돌려놓고

메일을 보냈는데 답이 없다고 걱정했죠? 대장에 생긴 유암종 제거시술을 받았어요. 폴립보다 나쁘고 암세포보다는 좋은 것이 유암종이라네요. 그래서 컴퓨터와도 며칠 소원했어요. 글 수다도 건강을 잃으니 저절로 절제가 되더라고요.

슬그머니 억울했어요. 밥상의 먹거리만큼은 제철음식에 야채와 과일 좋아하고 자연친화적이었어요. 비싸도 유기농으로 먹고 나름 노력해왔는데 말이에요. 치킨이나 패스트푸드 같은 건 일 년에 몇 번 먹지 않았다고 따지듯이 주치의 선생에게 투덜거렸더니 식생활보다 체질의 문제라 하네요. 할 말이 없더라고요.

금식하고 관장하고 나서 수술대 위에 누우니 마취도 시키지 않은 채 기다란 호스가 항문으로 들어가서는 이리저리 내 몸을 고약하게 후비적거렸어요. 주기도문을 외우고 또 외웠습니다.

기진맥진해져 수술실을 나오니 다음 순서로 한 유명 정치인이 대기하고 있었어요. 텔레비전에 비치던 서슬 퍼런 모습은 온데간데없이 불안한 눈동자의 초췌한 초로의 남자만 보였습니다.

다행히 입원하지 않아도 된다 해서 집으로 돌아와 후들거리는 몸을 뉘였습니다. 애써 잠을 청하고 깨서는 죽도 먹고 약도 먹었습니다. 이제 내 몸속의 불필요한 나사못을 하나 빼냈으니 내 마음속에 박혀 틀어질 대로 틀어진 나사못들을 뺄 것은 빼고, 제자리 잡을 것은 제자리로 돌려놓고 싶어요. 난 내 인생의 멋진 운전자가 되고 싶거든요.

16. 여행은 여행, 삶은 삶

폭설이 내렸다고요? 여긴 한창 더운 여름이에요. 지금 뉴질랜드 남섬에 와있어요. 〈반지의 제왕〉 촬영지로 유명한 곳이기도 하지요.

컴퓨터 그래픽으로 처리한 줄 알았던 그 신비한 산들과 광활한 평원의 장면이 실제 그대로 존재하고 있네요. 백문이 불여일견이라는 말, 실감해요. 여름인데도 뉴질랜드의 최고봉이라는 마운트 쿡은 만년설을 이루고 있군요. 저 산 계곡마다 많은 산악인이 실종되었을 것을 생각하니 그 장엄함이 오히려 잔인하게 느껴지기도 하네요.

1억 5천만 년의 시간이 흘러 지금의 모양이 되었다는 타스만 빙하의 장관을 보트로 순례하였습니다. 빙산을 만져보고 빙하수를 마시면서 위대한 자연 앞에 인간은 정말 한 마리 풀벌레에 지나지 않다는 생각이 들었어요.

번지점프의 발원지인 카와라우 브릿지에서 43미터를 뛰어내리고 인증서를 받은 사람을 부러워만 하고 있습니다. 뛰어내리는 사람보다 정작 가슴이 벌렁거리고 긴장된 사람은 나였으니 모험이나 용맹이라는 단어는 나의 것이 아닌가 봅니다.

끝없이 펼쳐지는 초록물감 같은 평원과 밀키블루 색의 호숫가를 자동차로 달리며 뉴질랜드 출신의 세계적인 소프라노 가수 키리 테카나와 노래를 들었습니다. 생각이 끝나는 자리가 여기가 아닌가 싶을 정도로 이보다 더 좋을 수는 없는 지금 여기를 느끼고 있습니다.

그런데 선배, 지상의 낙원이라는 이곳보다 난 지지고 볶고 질척거리며 내 나라 내 땅에서 마음대로 우리말 쓰면서 가끔 옳고 그름을 가리는 다툼도 해가며 그렇게 사는 편을 택하렵니다. 여행은 여행이고, 삶은 삶대로 상대해주어야겠지요.

17. 자랑질, 맞습니다 맞고요

친구 자랑도 팔불출인가요? 그럼 나 팔불출 할래요. 죽마고우격인 친구 메일이 이렇게 시작되네요. 황지우님의 '늙어가는 아내에게'라는 시의 한 구절 – '저도 형과 같이 그 병에 걸리고 싶어요.'

자기 친구들 중에서 제일 귀티 나게 생긴(객관적으로 미인형이라 말할 순 없지만-이렇게 부연 설명까지), 어릴 때부터 단단한 자신과는 다르게 덩치만 컸지 늘 비실비실했던, 그래서 수피아여중 양호실에 누워있던 절 보면 이 시와 같은 기분이었다는 겁니다. 그러니 황시인이 자기 마음을 카피한 것이라며요.

이 친구, 재미있는 기획을 하고 있었어요.똘똘한 애들 동원 능력

있어서 그 애들을 데리고 봉사팀을 꾸렸다지 뭡니까. 미술, 음악, 연극 등 문화봉사팀을 만들어서 – '느티나무' 인문학당의 모태로 시작한다고 하네요 – '차오름' 주간보호센터(지적장애인청소년을 주간에 보호하는 곳) 애들과 정기적으로 만나게 했답니다. 그리고 100석짜리 강당에서 축제를 펼쳤답니다. 봉사라는 이름으로 비장애인과 지적장애인 청소년이 어떻게 만남이 가능한지 세상에 알리는 자리라고나 할까요. 저 혼자 북 치고 장구 치고요. 문화계 전문가야 주변에 많지만 부탁하지 않았답니다.

그냥 이벤트 벌이기 좋아하고, 애들을 믿는다는 것, 자신이 받은 달란트를 게으름 피우지 않겠다는 것 외에는 돈 많이 들여서 하는 일도 아니어서 사회적 기업이니 뭐니 신청할 필요도 없었다는 친구예요. 하루도 못 쉬고 고되지만 덕분에 잡념에 빠질 여유가 한 톨도 없어서 좋다고 하네요. 가족 챙기다 보면 이 일 전혀 못 한다. 집에서 밥, 청소 아예 못 한다며 오히려 저를 위로해요. 그러면서 얼른 늙자, 곱게 늙어서 자주 보고 수다도 떨자고요. 늙기 전까지는 몸 닳아지게 열심히 살자 그랬습니다. 자랑스러운 내 친구가 말이지요.

세상의 부귀영화와 거리가 먼 이 친구, 숨은 미술품 컬렉터에요. 판화작품 위주로 한 점씩 모아왔다고 해요. 작가들이 직접 참여하는 자선바자회 등을 기웃거리며 모은 작품이 50여 점이라고 해요. 내게도 판화작품을 선물한 적이 있어요.

그런데 이 친구, 광주비엔날레 전시를 보러 갔다가 우연히 들른 아트상품 코너에서 1호짜리 모자상, 최종태 작품에 꽂혀서 2개월 월세에 해당되는 돈을 빚내서 샀다고 인터뷰했네요. 투자 목적이 아닌 진정한 소장가 컬렉터를 소개하는 신문에요. IMF로 가정경제가 풍비박산 나서 사글세 단칸방에서 고통스럽게 살아야 했던 때, 최 작가의 모자상이 마치 아들을 안고 있는 자신의 모습 같게 느껴졌다는 거예요. 서글퍼서 눈물이 쏟아지는데 잔잔한 위로와 감동이 밀려왔다니 예술이 주는 치유력 아니겠어요.

가장 가난했던 순간에 작품을 구입하면서 꼭 돈이 많아야 미술작품을 사는 것이 아니라는 것을 알게 된 친구는 가난한 날의 행복을 즐길 줄 아는 사람이지요. 내 친구야말로 진정한 삶의 예술가 아니겠어요?

18. 메리 크리스마스! 매일 크리스마스!

오래전부터 가고 싶었던 헤이리 예술마을에 갔어요. 최전방 꽤 먼

곳이더군요. 고전음악감상실 '카메라타'부터 갔어요. 서울 평창동에 있던 '카메라타'는 간 적 있지만 헤이리로 옮긴 후에는 처음이에요. 마침 한 달에 한 번 있는 정기음악회 날이었어요. 예약을 하지 않아 만석이라 해도 한참을 기다리니 자리를 마련해주더라고요. 기대 이상으로 좋았어요.

우선은 '카메라타'의 주인이자 아나운서인 황인용 씨와 피아니스트 박은희 씨의 주거니 받거니 하는 진행이 재미있었어요. 전문작가의 대본인지 아닌지는 모르겠어요. 그런데 12월의 예술가 대 예술가로 베르디와 바그너를 묶었어요. 전혀 어울릴 것 같지 않은 예술가 둘을 말이에요. 이 둘의 공통점이라면 장수했다는 정도 아닌가요?

피아노와 성악가로만 이루어진 소박한 살롱음악회의 분위기가 좋았어요. 차나 와인을 한 잔 마실 수 있고 평소에는 입장료 1만 원, 음악회 날은 2만 원 그래요.

베르디 오페라 '가면무도회' 중, 오페라 '춘희' 중, 그리고 바그너의 연가곡들을 메조소프라노 이현정 씨가 불렀는데 소리가 어둡고 깊어서 좋았어요. 나이가 들수록 소프라노보다 메조소프라노, 테너보다 바리톤이 좋아져요. 뭐랄까 깊은 울림이 있다고나 할까요? 이것도 편식인가요? 이름은 잊었는데 나이가 지긋한 테너가수는 베르디 오페라 리골레토 중 '여자의 마음'을, 내공이 느껴지는 감정표현으로 능수능란하게 부르더라고요. 왜 그 '여자의 마음은 갈대와 같아~' 그렇게 시작하는 아리아 있잖아요.

헤이리에 처음 온 수확이 컸어요. 한 달에 한 번 있는 정기음악회는 앞으로 계속 오고 싶네요. 연주 전에 해설을 곁들여 주니 곡을 이해하고 예술가를 이해하는 데 도움이 돼서, 아는 만큼 느끼는 기쁨을 맛보았으니까요. 바그너가 친나치였던 것, 아시죠? 그래도 그의 음악이 영원한 것을 보면 예술가는 무조건 재주가 먼저인 것 같기도 해요. 이럴 때 저 같은 얼치기 예술가는 절망하지요.

겨울이라 일찍 어두워져서 헤이리 예술마을의 전체는 보지 못하였지만, 우리나라에 이렇게 뜻을 같이한 사람들이 멋진 마을을 이루고 산다는 것은 아름다운 일이지요. 우리도 이런 타운 하나 만들고 늙어서 더불어 살까요? 이웃과 함께 어울려 살아가는 모듬살이!

나중에 생각해보겠다고요? 신의 스케줄은 과거도 아니고 미래도 아니고 오늘이라는데 나중은 없답니다. 정말 오늘만 생각하고, 오늘을 살아야겠다는 생각이 들어요. 사탄은 내일 또 내일이라고 달콤하게 말할 것이고 인간은 자꾸 과거를 살려고 할 테니까요. 맞나요?

그만할게요. 어찌되었든, 이 지구별에서 함께 숨 쉬고 동시대를 살면서 이렇게 연결되어 나눌 수 있음이 감사한 지금이에요. 살아있다는 증거이지요.

메리 크리스마스! 매일 크리스마스!

19. 첫 월급 탔다고~

어제는 대학로에서 제자와 연극 한 편 보았어요. 공무원 시험에 합격하여 첫 월급 받은 제자가 연극을 보여주겠다고 해서요. 졸업 후 과 조교로 2년간 성실하게 수고했던 제자이기도 해요. 청주에서 날 보러 서울까지 올라온 것만도 고마운데, 자신의 모교에 오래 있어주어 감사하다고 해서 찡했답니다. 사실 오란 데도 없고, 그저 열정 하나로만 가르치고 있는 선생인데 말이에요. 봄 분위기 물씬 나는 예쁜 스카프도 선물 받았어요. 하얀 바탕에 잔잔한 꽃무늬가 있네요. 평소 제 스타일은 아니지만 꼭 하고 다닐 겁니다.

영화 〈왕의 남자〉 원작을 썼던 김태웅 연출작품 〈반성〉이라는 연극이었는데 오랜만에 본 정극이었어요. 요즈음 대학로 연극들이 정통연극보다는 흥행몰이로 대충 가벼운 것도 많은데 가족사를 시대적 사회와 연관 지어 엄격하고 단호하게 표현하였더라고요.

학생운동과 민주화투쟁에 앞장섰던 사람은 아니지만 86세대인 나로서는 공감이 많이 가고 가족사를 통해 우리 근현대사를 반성해 보는데까지는 좋았어요. 그런데 반전이 너무 충격적이고 황당해서 무책임하게 결말지은 거 아닌가 슬그머니 화가 날 정도였어요.

김태웅의 작품들은 왜 모두 주인공을 죽이는지 모르겠어요. 그것도 살인으로요. 절대로 생존의 논리가 절단되고 무력화하는 방법으로 살인을 택할 수는 없다고 생각해요. 기필코!!

연극 〈반성〉의 작품설명을 보니 아버지의 논리를 감내하며 긴 기간 노동하며 생산의 역사를 지탱해온 어머니로 정의하는 것까지는 이해했어요. 그런데 폭력에 대한 침묵 후의 새로운 역사 창조의 모태이고 비극의 모태로 어머니가 온 가족을 살해하고 생을 마감하는 결론은 공감하지 못하겠어요. 연출자의 건강하지 못한 시대정신이라고 비판하고 싶어요. 내게 그나마 삶의 철학이 있다면 악을 악으로 갚지 않고 합력하여 선을 이루는 방향으로 에너지를 모은다는 것이니까요. 가치 부재는 탐닉으로 달려가기도 하지만 역사에 대한, 다가올 미래와 진실에 대한 지독한 애정으로 아픔과 고통을 감내할 수도 있어야겠지요.

맛있는 거 먹으며 회포 풉시다. 그대나 나나 이제 뭐 서로 찢어질래야 찢어질 수도, 마음을 접을 수도 없는 그런 공삭은 관계 아닙니까.

20. 백만 년 만의 여행보고서

오랜 인연의 공동체 분들과 짧은 여행을 다녀왔어요. 30년만이라고도 하고 40년만의 여행이라고 하는 것으로 보아 처음으로 실행한 여행인 것은 맞네요. 그러니만큼 여름 내내 계획을 세우고 날짜를 기다리는 것만으로도 설렘 그 자체였어요. 그래서 여행은 여행을 준비할 때까지가 가장 행복하다고 했나 봐요. 봄과 가을에는 접근성 좋고 풍광 좋은 아차산에서 자주 만나기도 했지만 서울을 벗어난 여행은 처음인 셈이지요. 여행팀의 평균연령은 가을단풍만큼 무르익었어요. 80대 한 분, 70대 한 분, 60대 세 분, 50대 두 분, 막내가 40대이니까요.

드디어 여름휴가의 절정이 지난 8월 하순 어느 날, 모험을 떠나는 소녀들처럼 동해바다를 향하여 출발하였습니다. 승합차를 빌려서 씩씩한 운전으로 출발에서부터 귀가 때까지 기꺼이 나 홀로 기사 역할을 해준 분 덕분에 안전하고 편안한 여행길을 즐겼습니다. 우리는 모두 차에 오르자마자 수학여행길의 여학생들이 되었지요.

어른분들이 간식과 커피까지 잔뜩 챙겨 오셔서 입만 가져온 젊은 우리들은 열심히 먹을 뿐이었지요. 꼭 빠트리지 않은 멘트 하나가 있어요. '먼저 준비하고 베푸는 본을 보이는 어른들이 계셔서 참 좋아요.' 아부도 능력이거든요. 영원히 철들고 싶지 않아요. 어른 노릇이 훨씬 더 어려운 것을 아니까요.

철지난 바닷가는 한가롭고 평화로웠어요. 우리 모두 동심으로 돌아가 강릉 바닷가 모래사장에서 찰싹찰싹 사르르 밀려오고 나가는 파도와 장난치며 일상을 벗어난 힐링을 실감하였습니다. 아직은 훈훈한 바람이 살갗을 스치는 그 느낌도 무조건 좋았으니까요. 여행을 여행한다는 말이 이런 것 아닐까요? 일상과 가족을 벗어난 즐거움을 마음껏 누렸어요. 뭐죠 이런 마음은? 서로 자주 만났으니까 할 이야기가 더 많고, 세월이 무르익었으니까 공감대는 이미 확장되어 있고요.

해안가 전경이 환히 보이는 강릉 라카이 561호, 잊지 못해요. 여태 간 숙박시설 중에서 최고였으니까요. 뭐랄까 맨날 라면만 먹다가 근사한 레스토랑에서 알리오 스파게티를 먹는 기분이었다고나 할까요? 아니 안심스테이크를 먹는 호사였지요. 본격 수다시간이 이어졌어요. 이야기꽃을 피우다가 야시장을 구경하는 재미도 빠트리지 않았지요. 다시 숙소로 돌아와 밤이 깊도록 화기애애한 시간들을 가졌음은 물론이고요.

늦게 잠들어 일찍 일어났어도 전혀 피곤하지 않은 여행지에서의 아침, 하룻밤 잠깐 머물기에는 너무도 아까운 럭셔리 숙소를 나와 짙푸른 동해바다 앞에서 단체로 기념사진을 찍고 햄버거로 아침식사를 했어요. 누가 햄버거를 정크푸드라 했나요? 불에 구운 패티 고기가 얼마나 맛있었다고요. 여행지에서는 가끔 거리의 불량식품도 먹어주어야 하는 거 아니에요? 바닷가를 거닐며 색깔이 선명한 알사탕 하나씩 깨물어 봐요.

동계올림픽 준비로 한창인 평창 일대를 구경하기로 했어요. 빨강양말이 있다는 사실과 빨강양말을 신어보는 일은 분명 다름을 실감하였지요. 국제대회를 준비하는 곳인 만큼 규모가 예상보다 컸고 강원도의 수려한 자연을 충분히 살린 경기장의 모습은 아주 훌륭해서 감동 먹었어요. 이 순간만큼은 애국자가 되더군요. 알펜시아 스키점프대에 서니 절로 성공적인 동계올림픽 개최를 기도하게 되더라고요.

1박 2일의 시간이 순식간에 흘러 몹시 아쉬웠죠. 또다시 백만 년이 되기 전에 우리들만의 두 번째 여행을 기약하며 서울로 돌아와 각자의 집으로 향할 수밖에요. 일상으로 돌아왔다는 안도감 같은 것은 없었어요. 다시 또 살아갈 힘은 얻었지요. 하루 만에 추억이 되어버린 달콤한 섭섭함을 추스르겠다는 뜻이에요. 어쩌겠어요.

진짜 긍정은 행동하는 것이라 했으니 다음 여행을 본격적으로 기획하는 행동부터 하려고요. 여행은 몸으로 하는 독서라 했나요? 독서 준비 시작!

21. 춤추실래요?

최고의 공연을 보고 왔어요. 아직도 그 경이와 신명의 여운에서 안 깨어나고 있는 중이지요. 지금이라도 다시 그 굉장한 춤판으로 달려가고 싶은걸요.

춤에 절어 평생을 산 사람들의 전무후무한 공연이라고나 할까요? 국립국악원 예악당에서 열렸어요. 우리 공연 역사에 일획을 긋는 공연으로 영광스러운 공연관람이었지요.

우리 춤에 대한 첫 충격은 대학시절 보았던 공옥진 여사의 '병신춤'이었어요. 그런데 이분, 공연 대기실이 강당 입구 경비실이더라고요. 담배 한 대 물고 막걸리 한 사발 들이키며 쪼그리고 앉아있던 시골아낙네, 소박하고 질편한 모습으로요. 그런 분이 무대 위에서 한바탕 제대로 노는 겁니다. 순간 뜨거운 감동이 솟구친 기억이 있어요. 원초적인 에너지에 대한 원초적인 반응이었다고 말하고 싶네요.

공연 순서대로 기억을 떠올려볼게요. 춤판의 처음은 대개 승무로 시작한다고 해요. 기교가 없는데 몸이 곧 도 같은 그런 춤이었어요. 감히 좋다 나쁘다 할 수 없는 그런 거 말이에요. 북을 배우고 있는 저로서는 북채를 자유자재로 다스리며 승고(맞나요?) 앞에서 북과 한판 놀아주는 하이라이트에서도 '아!' 하는 감탄사를 감히 못 내고 눈을 떼지 못하였지요. 채상묵님이라는데 '박사고깔 곱게 쓰고'로 시작되는 시처럼 흰 장삼 붉은 가사를 걸치고 백옥 같은 고깔과 버선코 안에 무언의 설법, 스토리텔링이 서려있는 듯. 이제야 비로소 감탄사 아!

다음으로 화려한 듯 정적이며 깊은 듯 동적인 태평무였습니다. 가장 인상 깊은 공연은 장금도님의 '민살풀이춤'이었어요. 한의 춤, 살풀이는 흰 수건을 들고 추잖아요. 그런데 이분은 수건을 휘두르면 호흡이 깨진다고 수건을 들지 않고 춘답니다. 몸 외에는 아무런 소도구나 장식이 없어요. 하얀 한복소매의 포물선으로 정말 춤은 드러냄이 아니라 드러남임을 보여주더라고요. 간결하게 초월한, 그래서 결코 엄살하거나 관능적이지 않는 춤사위가 전혀 근육의 힘을 빌지 않고 보여주는데 이분의 도도한 살풀이에 주저앉고 싶을 정도였답니다.

이윤석님의 '덧배기춤'은 재미있고 신선하였어요. 이 양반 전문춤꾼이 아니라 농사짓는 분이라는데 수줍은 표정 속에서도 춤사위만은 절대 신명을 조용히 보여주었습니다. 리듬 속에서 멈추고 무박의 향연을 보여주는데, 삶을 관조하는 농사꾼이 하늘지기임을 알게 해주는 춤이었다고나 할까요. 공연 후 퇴장하면서 머리를 긁적이는 쑥스러움은 얼마나 귀여우신지!

유금선님의 구음과 '동래학춤'. 말로만 듣던 갓 쓰고 도포 입은 한량들의 군무, '동래학춤'은 역동적이면서도 격조 있는 남성군무였어요. 한이 어린 구음 속에도 춤이 있더군요.

공연의 절정은 대표적 한량 문장원 옹의 한량무 '동래입춤'이었습니다. 구순의 그분이 지팡이를 짚고 나오시는데 불안하더라고요. 그런데 지팡이를 놓는 순간, 200명의 권번 이름을 줄줄 꿰고 있다는 그 동래의 한량으로 부활하시는 겁니다. 엇박이든 정박이든 자유자재로 그냥 춤에 절어 추시는 겁니다. 한 폭의 세한도라는 표현, 지당하고말고요. 서 있기만 하셔도 여백을 느끼게 해주는 그런 분이었습니다. 자극과 반응 사이의 행간쯤은 가볍게 읽어내시는 그런 내공의 소유자! 이런 분의 마지막 공연이 될지도 모를 춤의 현장에서 감탄하며 만끽할 수 있는 축복, 나는 복 받은 사람 맞습니다.

일체의 춤판을 평정하는 라스트 춤이라는 문장원 선생의 '노름마치 춤' 후에 뒤풀이 격으로 '채상소고춤'이 신명나게 한판 벌어졌지요. 객석에 앉은 저는 올라가서 그들과 함께 어울리고 싶었어요.

나이트클럽에서 막춤이나 추던 나와는 차원이 다른 최고의 춤판을 원 없이 보고나니 스멀스멀 올라오는 춤에 대한 경외와 열정에 잠을 설쳤습니다. 혹시 내가 정말 하고 싶고, 잘할 수 있는 것은 춤이 아닐까? 반봇짐이라도 싸서 춤판을 따라다니고 싶어요. 저와 함께 춤추실래요?

22. 꼬꼬 소천

문자가 왔어요. - '꼬꼬가 죽었어.'

꼬꼬는 우리 집에 잠시 있었던 쏘야의 엄마인 개 이름이에요. 꼬꼬가 난 자식 중에서 가장 예쁜 강아지를 우리 집에 주었는데, 아무래도 우리 집에 있는 것보다 쏘야는 꼬꼬인 엄마와 함께 사는 것이 행복할 것 같아 보내면서 얼마나 울었는지 몰라요. 데려온 지 일주일 만에 기권하면서 '쏘야, 미안해! 네 행복을 위해서 보낸다!' 했어요.

내가 잘 돌보지 못하고, 이러저러한 일로 늘 분주하고 빈집인 경우가 많은 형편을 핑계로요. 변명거리를 늘어놓으면서도 파양한 자책에 한동안 힘들었어요.

우리 가족을 사랑하는 분이 꼬꼬를 17년 길렀어요. 그런 꼬꼬가 수술 후 회복을 못 하고 딸의 품에서 세상을 떠났다고 조금 전에 연락이 왔어요. 남편분이 투병 중으로 지금 시골에 내려가 계시거든요. 그분이 17년 동안 사랑하던 개인데, 마지막 가는 길에 안아주지도 못하고 보낸 것을 몹시 슬퍼하셨답니다. 캐나다까지 데리고 왔다 갔다 할 정도로 정말 자식처럼 키우던 녀석이었거든요.

온 식구들이 눈물로 범벅이 되지 않을 수 없었을 것입니다. 조문이라도 가서 위로해주고 싶은 심경입니다. 개를 키워 보지 않은 사람은 이해하기 어려운 상황일지도 모르겠네요. 모든 일이 다 그렇듯이, 직접 경험하지 않은 사람은 경험한 사람과 다를 수밖에요. 딸 둘이서 싸늘한 꼬꼬의 시신을 싸안고 엄마 아빠에게로 달려왔답니다. 그들에게는 가족 중의 하나를 잃은 심정일 거예요.

마음껏 사랑해주었고, 그 사랑 마음껏 받고 살다가 눈을 감았으니 행복한 녀석이라고 하면서, 그 부부는 스스로 위안을 삼으며 진정하려고 애를 썼다고 해요. 그 가족에게 꼬꼬는 애완동물이 아닌 진정 더불어 살아가는 반려동물이었어요. 침대에서 함께 잠을 자고 식사도 사료 주지 않고 음식을 같이 나누어 먹었으니까요.

꼬꼬는 그 가족들을 17년 동안이나 행복하게 해주었고, 사랑을 듬뿍 받아 누리며 살다가 식구들의 슬픔 속에서 세상을 떠난 것입니다. 양지 바른 곳에 묻어주었다고 해요. 자는 듯 눈을 감고 이불에 싸여 도착한 녀석을 차가운 땅속에 묻어야 하는 아픔이 전달되어 옵니다. 무슨 개 같은 소리냐고 항변하실지 모르겠어요. 그렇지만 우리 인간이 창조물이듯이 꼬꼬 또한 창조물이지요. 부인은 꼬꼬더러 참 성품이 좋다 그러셨어요. 사람의 성질과 됨됨이라 풀이되는 단어를 꼬꼬에게 쓴 그 부인의 성품이기도 하지요.

지금 생각하니 꼬꼬를 잃었지만, 쏘야가 그 댁에 있어서 다행이에요. 쏘야를 돌려준 미안함이 좀 가셨어요. 꼬꼬만큼 쏘야는 그 집에서 중요한 존재가 될 테니까요. 꼬꼬야, 태어나서 사람들에게 기쁨 주고 살다가 떠났으니 그동안 수고 많았다!

이 땅에 사는 동안, 누군가의 기쁨 되기를 소망하며 살아야겠다는 다짐을 해보게 되네요. 반려동물로 여기다가도 남을 헐뜯거나 화가 났을 때 사람들이 종종 쉽게 내뱉는 상스러운 용어에 이 동물이 등장하는 것부터 모순이지요. 만약 개들이 인간의 언어로 욕을 할 수 있다면 절대로 인간과 빗대어 하는 욕부터 내뱉지는 않을 것 같네요.

굿바이, 꼬꼬~!!

23. ㄱ자를 조심하라네요~

대전하면 우리나라 중추기능을 담당하는 광역시라고 하잖아요.

중심도시 맞아요. 각지에 흩어져 있는 사람들이 모임을 가질 때 대전으로 많이들 집결하지요. 나도 오늘 그런 경우에요. 고향 친구들 만나러 대전 동학사를 다녀왔으니까요.

짧은 여행이었지만 훈훈하고 정겨웠어요. 일 년에 한두 번 만날까 말까 해도 보는 순간, 금방 친밀해지고 공감대를 형성하는 어린 시절 친구들이지요.

친구1은 영혼을 가장 많이 교류한 친구라 할 수 있어요. 삶이 쓸쓸하게 느껴지고 사람들 속에서 상처받고 있다는 생각이 들 때, 언제든 찾아가도 용납이 될 것 같은 친구라고나 할까요. 인생길의 길벗 아니겠어요? 내가 알고 있는 사람 중에 가장 정직한 사람으로 믿어져요. 운동권이었지만 인간적인 친구지요. 난 재수해서 한 해 늦게 같은 대학에 들어갔고, 운동권 동아리에 들어가려고 하니 정작 이 친구가 결사반대했어요. 투사의 환경이 아니라면서요. 당시에는 자존심도 상하고 속상했는데 큰 우정인 것을 이제야 깨달아요. 그 후의 내 삶이 꽃길만 걸어온 것은 아니었지만요.

친구2는 고고미술사 공부해서 정신문화연구원에서 학위 받고 지금 박물관에 있어요. 전공 따라가는지 고아한 백자 같은 분위기의 친구지요. 우리 아버지 돌아가신 날, 난 이 친구와 우리 집 식탁에서 커피 마시고 있었어요. 전화벨이 울리기 전까지요.

친구3은 신학 했는데 다시 사회복지대학원을 간 친구랍니다. 목사이기도 하고 사회복지사이기도 하지요. 내가 잡사라니까 자기는 먹사라며 웃네요, 글쎄. 지금은 NGO 이주여성인권센터에서 일하고 있어요. 이주여성들의 기가 막힌 사연들을 듣는데 정말 안타깝고 마음이 아팠어요. 인권은 고사하고 최소한의 기본생활도 침해당하는 형국이니 꼭 개선되어야 할 일이에요. 이 친구 더 편한 곳 사표 내고 자신이 원해서 저임금의 NGO활동을 하고 있어요.

이야기를 하고 또 해도 마르지 않는 샘물 같은 친구들과 종일 까르르 웃고 걸으며 우리는 다시 소녀시대로 돌아갔지요.

친구3이 재가노인복지협회에 있을 때 한 번 곤란한 적이 있었다는 거예요. 이사회를 하는데 부하직원이 워드를 잘못하여 모든 복지회의 ㄱ자를 빼고 프레젠테이션 자료를 만들어 이사회에서 진땀이 났었답니다. 생각해보세요. 전국노인복지협의회, 아동복지회, 청소년복지회, 여성복지회에서 ㄱ자를 빼면 어떻게 되겠어요? 그 후로 '복지부는 ㄱ을 조심해야 한다'가 전설이 되었다는 후일담을 담담하게 말하는데 너무 웃어 배꼽이 빠질 뻔했어요.

처음 가본 동학사는 아주 아름다웠어요. 계룡산이 아름다워서인가요. 여름의 짙은 녹음을 배경으로 친구들과 걷는 길이 공휴일이어서인지 사람들로 붐볐지만 비 갠 뒤의 싱그러움으로 세상은 맑고 밝았어요.

전라도 촌 여자 네 명이 휴일을 맞아 가족을 버리고 잠시 일탈한 쾌감, 마냥 좋기만 했어요. 탄력받았어요. 가을에는 경남 함양에 있다는 뽕나무숲길 상림이라는 곳을 가기로 했거든요. 이렇게 서로 노력하면 볼 수 있는데 뭐 그렇게 일상에 쫓기고 바쁘게만 지냈는지 반성이 되더라고요.

친구3이 자신의 영안으로 볼 때, 나더러 끊임없이 사람이 붙고 꼬이고 관계 속에서 부대낄 인성유형이라는데 이 친구, 목사 대신 돗자리 깔아도 되겠죠? 에너지를 안으로 모아야 하는 작가로서는 꽝인 성격을 잘도 짚어내네요.

강하고 세련된 척 버겁게 살아내다가 자신의 자리에서 묵묵히 실천하며 사는 고향 친구들을 보니 정화가 되어 영혼을 샤워한 기분이랍니다.

친구, 그리고 길벗.

24. 홍콩의 밤거리

아 홍콩! 홍콩사태의 여진이 계속되고 있다니 안타깝네요. 무엇보다 인명 피해는 없어야 된다고 생각해요. 홍콩 시민보다도 영국과 중국과의 외교 대립이 초점인가 싶더니 이제 점점 더 심각하게 확산되어 자유주의 진영과 전체주의 진영의 대결 양상으로 비화하고 있는 상황이라네요.

정치적인 문제를 떠나서 홍콩은 제게 특별해요. 저의 첫 해외여행지예요. 영국령일 때의 홍콩여행이었지요. 안 좋은 추억도 있어요. 구룡반도 리갈 리버사이드 호텔에 묵었습니다. 개인여행이었고 홍콩에서의 마지막 밤이 아쉬워서 남편과 둘이 홍콩 시내 구경을 나왔어요. 크리스마스 시즌 인파로 시내가 아주 복잡했어요. 그런데 둘이 말다툼을 하게 되어 팔짱 끼지 않고 따로 걷다가 그만 수많은 인파 속에서 남편을 잃어버렸어요. 핸드폰이 없을 때였어요. 그때 홍콩이 앞서기도 한 것이 홍콩인들은 냉장고만한 핸드폰을 들고 다니더라고요. 문제는 제게 1달러도 없었고 여권도 없었어요. 모두 남편 가방에 넣었던 것입니다.

홍콩의 밤거리 한복판에서 미아가 되어 헤매다가 순찰 중인 홍콩 경찰에게 서투른 영어로 "아이 로스트 마이 허즈번드, 플리즈 테이크 미 투 리갈 리버사이드 호텔!" 뭐 그러며 울었던 것 같습니다. 당황한 젊고 잘생긴 홍콩경찰은 "돈 크라이 마담, 돈 워리 마담, 돈 크라이!" 하며 달래더니 저를 파출소 같은 곳으로 데려가는 겁니다.

그 당시 홍콩은 곳곳에 영국 여왕 사진이 걸려있었지요. 자기네끼리 뭐라 하더니 저를 좀 더 큰 경찰서로 이송하는데 그물망 있는 경찰차 버스에 태워 가는 겁니다. 전 그런 차를 닭장차라고 불렀거든요. 외국여행이 처음인 전 그저 겁이 나 벌벌 떨기만 했죠. 거기서 다시 승용차에 태워 또 이동시키더군요.

그사이 남편은 리갈 리버사이드 호텔에 연락해놓고 시내를 헤매며 잃어버린 아내를 찾고 다녔나 봅니다. 전 경찰의 에스코트를 받으며 호텔에 도착하고요. 아무튼 한국 올 때까지 남편하고 한 마디도 안 해버렸습니다. 아무리 손이 발이 되도록 빌어도요. 세상에 부인을 잃어버린 남편을 용서할 여자 있을까요? 그래도 지나고 나니 추억이네요. 위에서 안 좋은 추억이라는 말, 취소할게요. 나쁘지 않은 추억이라고 정정합니다.

홍콩에 다녀왔다니 그 생각부터 나네요. 마카오도 갔나요? 저희는 마카오도 갔었어요. 석 사장이라는 분이 친절하게 안내를 잘해주셨는데 아직도 계시는지 모르겠네요. 마카오 갔을 때 낮에 본 거지 할머니가 저녁에 카지노에서 놀음하고 있는 것을 보고 깜짝 놀랐던 기억이 납니다. 저도 그때 그 거지 할머니와 함께 카지노에서 실력 발휘했으면 글쟁이 같은 거 안 하고 지금쯤 마카오 카지노 세계를 접수해서 화려하게 살고 있을지도 모르겠네요. 아니면 한국인 최초 마카오 거지 아줌마 되어서 구걸이나 하고 있을까요?

25. 참을 수 없는 존재의 가벼움이란

마감일이 코앞에 닥친 원고 쓰다가 저녁 사준다며 집까지 태우러 온 친구 성화에 옷만 갈아입고 나갔지요. 이 친구, 제일 부러운 점은 다이어트에 성공해서 옷맵시가 아주 좋아졌다는 사실이에요. 성공한 빅 사이즈 모델이 비키니를 입는 방법으로 비키니를 산다, 비키니를 입는다! 당당하게 선포하지만 역시 날씬하면 옷태가 좋아요.

예술의전당 앞 '라 칼라스'라는 이태리식당에 데려가 주었어요. 현지 음식점 같은 분위기가 좋아요. 결코 화려하지 않은 유럽 가정식

레스토랑만의 편안함 같은 거 말이에요. 주인은 아프리카 전문여행사도 함께 한다고 들었어요. 오랜만에 둘이 만나서 스파게티와 피자 하나 시켜서 밀린 이야기 나누고 있는데 낯선 남자가 갑자기 나타나는 겁니다.

누렇고 번쩍거리는 변호사협회 배지 달고 2 대 8 가르마 타고 나타난 30대 변호사는 앉자마자 시종일관 떠들어대는 거예요. 사전에 내게 물어보지도 않고 친구가 약속한 거죠. 당황했지만 어쩌겠어요.

싱글인 친구가 연하남 사귀는 것을 뭐라 할 마음은 전혀 없어요. 오히려 축하할 일이고 누구보다 감정을 중시하는 연애지상주의자예요 저.

그런데 이건 아니라는 생각 들더라고요. 오늘 아니면 안 된다고 졸라서 나갔는데 다른 사람이 끼어들더니 이제 대화는 그 사람 위주로 돌아가고 있는 겁니다. 법무법인 변호사인데 시종일관 별로 관심도 없는 변론 관련 이야기를 늘어놓더니 연예인과 변호사와의 상관관계 뭐 그렇게 이야기를 전개시켜 나가는 거예요. 남자가 수다스러운 것도 굉장하더라고요. 정작 친구와의 대화는 거기까지여서 먼저 일어나려 하니 친구가 못 일어나게 하지 뭡니까. 애매모호한 상황에 처한 전 그냥 한 젊은 변호사가 잘난 척하며 쏟아내는 이야기를 아무런 준비 없이 한 시간 넘도록 듣다 정말 가겠다고 말하니 친구는 또 부득불 다시 집까지 태워주겠다며 같이 일어나는 겁니다. 편하게 귀가했지만 뭔가 꿀꿀한 이 기분은 무엇일까요? 그 자리에서 먼저 일어설 구실이 있어야 했는데 예술의전당에서 일하는 후배도 휴무라 다른 모임 중이라 하고, 아무데서 전화도 안 오고 거짓말은 못 하겠고 그야말로 진퇴양난이었어요. 둘 다 학교에 적을 두어서 개학하면 한동안 또 보기 힘드니 만난 김에 차분히 이야기 좀 하려 했는데 말이지요.

좋은 음악은 쉼표가 많다는데 쉼표를 쳐가며 들어주고 인정해주는 마음의 여유가 없는 사람이더라고요 제가. 무슨 일이 있으면, 그러니까 좋거나 나쁜 감정의 동요를 느끼면 좀 벌벌거려요. 친구가 저더러 가장 큰 약점은 스스로를 드러내버린다며 제발 그러지 좀 말라는데 이렇게 생겨먹은 걸 어떡해요. 기분전환도 할 겸 음악을 들어볼까 하고 찾은 곡이 'Falling Slowly'.

영화 '원스'의 장면들이 필름처럼 제 안에서 흐르네요. 사랑에 빠지고 사랑에 상처 받은 두 남녀, 애틋하고 아련한 사랑을 오직 음악과 감성으로 보여주는 호수같이 맑고 신선한 영화로 기억되는 영화음악입니다. 얼마간 쓸쓸한 곡이지요. 음악에 젖어 듣다 보니 점점 내면의 심연을 정직하게 응시하게 되더군요.

아, 그 젊은 변호사가 참을 수 없는 존재의 가벼움을 드러낸 것이 아니라 내가 참을 수 없는 존재의 가벼움이었던 것입니다. 그 미끈하고 젊은 남자의 교만할 정도의 당당함이 거들먹거리는 꼴로 매스꺼웠던 것은 내 안에 감춰진 열등감의 발로였던 거고요. 어쩐지 날씬해지고 예뻐진 친구를 향한 질투심도 함께요. 전 싱글도 아닌데 말이지요. 어처구니없지 않나요?

내일 친구에게 전화해야겠어요. 그 남자가 분위기를 깨트린 것이 아니라, 화기애애할 수 있는 자리를 내가 엉망으로 만들어버려 미안하다고 말이에요. 내일도 눈이 올 것 같습니다. 오늘 서울에 눈발이 한참 내렸어요.

내 안에 내가 너무도 많네요. 그래서 집중력이 약하고 산만해요. 그런 나를 바라보며 일단정지 해보기로 합니다. 내 삶의 빨간 신호등과 푸른 신호등을 알아차리고 나침반을 바로 놓아가며 내 길을 찾아보렵니다. 이런 생각을 하는 자체가 아직은 건강하다는 신호 아닌가요?

26. 하루에 3,000단어

북유럽 여행 중이라니 부러워요. 제 소원이 노르웨이 오로라 여행하는 것이잖아요. 서울은 아주 더워요. 저는 오늘 어떤 모녀분과 시간을 함께했어요. 대화의 물꼬가 봇물처럼 터져서 점심식사를 같이 하는 것부터 시작해서 차 마시고 그래도 아쉬워 저녁에 다시 통화했지요. 뭐 그렇게 오래는 아니고요 한 시간가량밖에 안 했어요. 스토리텔링에 강한 여성 아닙니까? 여자 대 남자로 이분법적인 분석은 바람직하지 않겠지만 어찌 되었든 여자들은 이야기를 하면 할수록 화젯거리가 샘솟으니까요. 그래서 여자는 하루에 3,000단어 이상인가를 말해야 하는 속성을 타고 났다고 하더라고요.

평양냉면, 그중에서도 우래옥 물냉면을 최고로 치셨지요? 저는 가격이 마음에 안 들어요. 냉면 한 그릇에 13,000원이라니 더 이상 서민음식 아닌 거죠. 오장동 냉면집 가서 회냉면 먹었어요. 함흥냉면은 물냉면보다 칼칼한 비빔냉면이 맛있어서요. 주인아주머니, 같이 간 사람을 보더니 단골이라고 따로 회 한 접시 서비스로 주는 거 있죠. 무명작가는 어딜 가도 깍두기 한 점 더 얻어먹지 못하는데 얼굴

알려진 연기자는 대우가 다르더라고요. 이 연예인, 엄청난 효녀세요. 제가 봤어요. 병원에 입원 중이셨던 어머니, 간병인 쓰지 않고 이분이 직접 간호했어요. 퇴원하실 때까지요.

그리고 오늘 내내, 어머니 기도 부탁을 몇 번이나 하는 겁니다. 하도 여러 번 어머니 성함을 말씀하셔서 아직도 귀에 쟁쟁해요. 암 선고받은 81세 노모, 같이 살고 있는 여동생과 조카, 그리고 거리를 헤매다 들어온 강아지들까지 모두 이분이 보살피고 거두는 소녀가장인 셈이에요. 결혼은 안 하셨어요. 비혼주의자인지 아닌지는 물어보지 않았어요. 개인적인 일이니까요.

배우이자 가수에요. 무엇보다 경이로운 것은 매니저나 소속사 없이 직접 운전해 다니고 스케줄 관리하는 슈퍼우먼인 것이 정말 세상을 향해 '세상은 요지경'이라고 당당하게 외칠 만하신 분이죠. 재미있는 것은 그 노래 작사 작곡을 어머님이 흥얼거리시는 옛 노래를 바탕으로 창작했다는 겁니다. 그분 표현에 의하면 가슴에 불덩어리 한 움큼 안고 계시는 분이 자신의 어머니라 합니다. 세상의 모든 어머니들이 숯불난로 하나씩은 가슴에 담고 있지 않을까요?

카페에서 같이 차 마시며 눈을 마주하고 담소하는 사이 친밀감이 더 느껴졌어요. 이분 눈이 참 예쁘세요. 예전에 별명이 '고대의 비비안 리'였다고 들었어요. 성경 구절을 줄줄 꿰고 계세요. 연기자가 대본 잘 외우는 능력에 감탄한 적이 있는데 성경 구절을 대본 외우듯 막힘이 없으니 더 감동이죠.

집에 돌아와서 식구들 저녁 차려주고 다시 이분과 한 시간 전화 데이트! 제 마음이 한결 가볍고 평안해요. 이것이 우정인가요? 사랑 위에 우정이 있고 우정 위에 연민이 있답니다. 뭐랄까, 존경스러우면서도 너무 열심히 사는 분에게 느끼는 연민 같은 것, 걱정은 허수아비라니 허수아비를 두려워하지 말아야겠지요.

오늘 하루도 두 번 다시 못 볼 듯이, 처음 보듯이 그렇게 만나는 햇빛과 공기 그리고 만나는 사람! 내 생애 최고의 시간으로 보내렵니다. 어제보다 나은 오늘이라는 말도 있잖아요.

어찌되었든 굿모닝, 굿애프터눈, 굿이브닝, 그리고 굿나잇 ~~~~~~~~~~~~ 이러면 오늘 하루 안부인사 다 마친 겁니다.

27. 여기는 부산!

곰이라는 별칭으로 불리는 친구 한 명은 부산국제영화제에 다녀오면 일 년을 견딜 수 있는 에너지가 생긴다고 해요. 한 번은 내가 영화제에 참여하지 않으니, 영상강의를 하는 선생으로서 미안한 일이라고 하니까 이 친구 말이 그것은 미안한 일이 아니라 쪽팔린 일이라는 것이에요. 저스트 두 잇! 결정하고 내려온 부산입니다. 방송작가협회에서 호텔을 제공해준 덕분에 숙소는 해결되었지만, 정작 2분 45초 만에 매진되었다는 인터넷 예매를 못해 와 영화 보는 일은 좀 번거롭고 힘이 듭니다. 그래도 지금 다양한 경험을 하고 있는 중이지요.

처음 해보는 일이 많아요. 부산 지하철도 처음 타보고, 곰장어구이도 처음 먹어보았어요. 그뿐인가요, 선배 언니가 해운대 밤바다를 바라보며 담배 피우는 모습이 너무 멋져 보여 한 번 흉내 내보기도 했지요.

어제는 오자마자 인상적인 다큐멘터리 한 편을 보았어요. 극적 구성을 하게 되는 극영화와 다른 다큐영화만의 매력이 있지요. 서른둘에 불란서로 유학 온 이희세 화가가 이데올로기 문제에 얽혀 가족과도 헤어져 42년을 프랑스 시골마을에서 지내고 있는 삶을 2년 이상 취재한 다큐멘터리였어요. '동백림 사건'의 고암 이응노 화백의 조카라는 이유 때문에 국내에 들어올 수 없었답니다.

최현정이라는 젊은 다큐감독의 날생선 같은 편집은 신선하였습니다. 리얼 다큐라 하여도 작가의 주관적인 시선과 메시지가 들어가지 않을 수 없는 현실에서 최대한 진실에 다가가기 위해 정공법으로 승부를 건 뚝심이 느껴졌어요. 인터뷰이와 인터뷰어의 충돌과 갈등과 그 해소가 진정성 있게 전달되어 왔다고나 할까요. 목적을 가진 만남으로 작업이 진행되면서 감독 자신의 변화가 작품에 드러나는 일이 재미있었어요. 42년을 일관되게 살아온 이희세 선생의 삶의 방식도 찡하였구요.

깜짝쇼 같은 이벤트가 있었는데 이희세 선생과 최현정 감독이 무대 위로 나타나는 겁니다. 멋진 노신사가 보타이를 매고 당당하게 나타나 일갈하는데 그 삶을 꿰뚫는 촌철살인의 대답과 유머에 경의를 표하고 싶었어요. 이데올로기니 통일이니 남북이니 등의 용어가 오히려 그의 삶의 방식 앞에 초라하게 느껴졌습니다. 자신이 누구인가를 알고 난 후 일관되게 자신을 지키며 사는 그의 고독과 인내가 무엇보다 아름다워 보였어요. 분명 간단한 것인데 나는 왜 안 되는 것일까요. 세상과 관계하고 상대하는 일에 대하여 성찰하게 됩니다. 지금과 별 다름없이 그저 그렇게 살아갈 테지만요.

화제작들은 완전매진으로 반납한 표를 구하거나 젊은이들이 절대 사양하는 영화를 봐야 하는 신세가 되었어요. 아이디패스 목걸이를 건 사람들은 어려움 없이 자신이 보고 싶은 영화를 보는 눈치입니다. 그래 억울하면 출세해야 하는데 말이지요.

그런 연유로 선택한 극영화 작품은 1941년 작 〈반도의 봄〉이었답니다. 비 내리는 화면, 우리말과 일본어를 섞어 대사해야 했던 일제시대의 상황을 보여준 시대물이었지요. 나름대로 탄탄한 이야기 전개가 있었지만, 여주인공의 연기는 너무 어색했어요. 같이 관람한 선배는 아마 당시 시대인식은 여자를 밖으로 내돌리지 않은 때였으므로 연기력 좋은 여배우를 만나기가 어려웠을 것이라 하였습니다. 결말은 조연의 시점으로 끝나서 좀 황당한 것이 자꾸 지금의 잣대, 정확하게는 내가 아는 시나리오 작법의 잣대로 한국영화 회고전을 감상하고 있음을 발견하였지요.

아주 늦은 시각 자갈치시장을 찾아 선배작가들과 곰장어구이를 먹었어요. 4명이 5인분을 먹고 밥도 볶아먹었으니 나의 영원한 화두 다이어트는 여행 온 핑계로 또 도로아미타불 된 것이지요.

어제는 해운대 영화관과 바다를 섭렵하였는데 오늘은 좀 한가한 장산역의 CGV로 건너가서는 〈스타는 어떻게 만들어지는가〉라는 주제로 기획된 특별강좌를 무려 세 시간 들었어요. 엔터테인먼트 대표와 영화홍보사 대표의 세미나 발표와 질의응답 형식의 프로그램이었습니다. 버나드 쇼의 말처럼 야만인은 나무와 돌로 된 우상을 숭배하고, 현대인은 살과 피로 된 우상을 숭배하는 지금이 아니겠습니까? 결론은 '스타는 인위적으로 만들어질 수 있다'였어요.

영화가 잘되면 감독 탓, 영화가 잘못되면 홍보 부족 탓으로 돌리는 현실을 대변하는 의견들을 들었습니다. 짧은 일정이지만 부산에 온 것만도 감사하기로 합니다. 내일 스케줄이 결정된 것은 없습니다. 내일의 태양은 또 내일 뜰 테니까요.

28. 선생님 선생님, 우리 선생님

선생님을 처음 만난 지 일 년이 다 되어가네요. 서울과 제주를 오가며 이중생활을 한 지가 곧 일 년이니까요. '제주 문학의 집'에 들르게 된 것이 선생님과 인연의 시작인 것 보면 역시 삶은 만남에 있다니까요. 선생님 성함도 명성도 전혀 몰랐던 제가 선생님 강의를 도강하는 기분으로 한 번 듣고는 2분의 1 했다니까요. 반했다는 뜻이에요. 너무 오글거리는 표현인가요?

어떤 분이 신을 만나면 신이 되고 짐승을 만나면 짐승이 된다고 했습니다. 선생님은 신이세요, 짐승이세요? 감히 말씀드리자면 시를 대하는 선생님의 자세는 당연 신이니 저도 이제 신으로 살아갈 수 있게 되는 건가요? 유머처럼 들리시겠지만 이 말은 생각이 아니라 사실이고 진실을 넘어 진정입니다요.

선생님, 제 글쓰기의 최종 목표를 시라는 장르로 결정해버렸어요. 그동안 두렵기만 했던 시가 제게로 와주었어요. 아니 제가 시를 찾았고, 만났어요. 천방지축 제자 한 명 늘어서 골치 아프다고 하셔도 하는 수 없어요. 나이도 제가 더 많으니 선생님은 부담스럽기도 하고 조심스럽기도 하겠지요. 어찌 되었든 전 이 나이에 또 스승을 만나다니 복이 많은 사람이에요.

선생님, 지난번 첨삭지도를 받을 때 메모하셨던 그 종이를 가져오지 못했음이 내내 아쉽습니다. 좀 더 적극적으로 용기를 내서 달라고 할 것을 말이지요. 선생님의 낙서든 뭐든 제가 시적 상태를 유지하는데 도움이 된다면 다 얻고 흡수하고 싶습니다. 그래도 선생님, 너무 정직한 비평을 하셔서 쥐구멍을 찾고 싶었답니다. 적당히 숨기고 언어의 유희를 즐기는 척했던 제 시의 불순함을 그렇게 꼭 집어 지적하시다니요. 무안했지만 내가 선생 제대로 만났다 싶더라고요.

건방진 제자이지요? 어떡하겠어요. 팔자려니 하세요. 그리고 마음껏 채찍질해주세요. 저 꽤 맷집이 좋은 편이에요. 지금도 잊을 수 없는 코멘트가 있어요. 드라마작가로 데뷔하기 전 합평회에서 PD출신 선생님이 제 단막극 습작품을 읽으시더니 '미친년이 널뛰면서 오줌 갈기듯 써왔다.' 그런 말 듣고도 포기하지 않았던 것 보면 악바리 근성이 좀 있는 것 같지 않으세요?

등단이랍시고 너무 쉽게 하다 보니 그것이 족쇄가 되고 말았어요. 시인 깜냥이 아직 아닌데 시인이라 불리는 것이 괴롭더라고요. 저 시인 아니에요 할 수도 없고요. 작가는 혼자 있는 시간이 필요하다는 말씀에 전적으로 공감하며 이제부터라도 그런 시간을 가져보려고 합니다. 스스로 환경을 만들어야겠다는 생각에 아이디도 '시적상태'라는 말로 바꾸었어요. 등단시인이라는 딱지 떼고, 일단 시를 처음 배우는 초심으로 돌아갑니다. 진부한 표현이지만, 많은 지도와 편달을 부탁드립니다.

제주에 봄이 왔겠지요? 고사리 따보셨나요? 저는 꼭 한 번 고사리 따는 체험 해보고 싶은데 아직 못 했습니다. 주말에 비행기 탑니다. 합평회 시간에 뵙겠습니다. 인연은 선물이라 했으니 그 선물, 제 것입니다. 시와 몽상에 잠길지라도, 추운 싸움의 길이 될지라도!

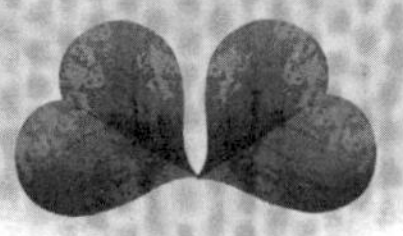

묶음 둘,

애증으로 갈고 닦인 관계든가

1. 어떤 한 달 살이

진, 이제 비행기를 타야 할 시간이 다가오네. 내적치유가 필요했어. 그러기 위해선 일단정지 혹은 잠시 멈춤부터 해야 했어. 활자중독증에 가까운 습관과도, 뭔가 써야 한다는 강박관념과도, 그리고 사람 좋아해 약속 많이 하는 생활과도 이별하기로 결심하고 서울을 떠나온 거야. '세상 이야기들 그대로 놔두고 세상 밖으로 걸어 나와라'는 시 구절이 촉매제가 되기도 했지. 숙소가 제공된 기회는 분명 축복이야. 그런데 네가 물었던 것처럼 아침에 일어나면 조랑말이 내려와 풀을 뜯어먹는 곳이거나 푸른 바다가 펼쳐지는 곳은 아니야. 제주 시내라 다른 도시와 확연한 차이를 못 느끼지. 걷기 전에는 말이야.

왕복 160킬로미터를 운전해서 출퇴근하고 있는 내게 걸어야 비로소 보이는 것들은 모두 새롭고 귀한 선물이었단다.

우선 제주도 사람들은 한라산을 중심으로 남북 개념보다는 동서로 구분하더구나. 종종 근사한 해넘이를 볼 수 있으면 서쪽 사는 사람인게지. 제주는 겨울에도 동백꽃과 함께 로제트식물로 보이는 땅에 바짝 붙어 겨울을 이겨내는 노란 꽃(아마도 서양 민들레)들이, 그리고 품격 있는 후박나무가 가로수로 펼쳐져 있단다.

대로보다는 좁은 길 그리고 골목길을 주로 걸었어. 걷는 길의 대명사가 된 올레길도 아니고, 관광지도 아니고 SNS에서 핫한 곳은 더더욱 아니야. 유행가 가사처럼 그냥 걸었어, 발길 닿는 대로 말이야. 억새가 물결치는 오름을 오르는 일은 주말 보너스였어.

달리기는 못 하고 걷기는 좋아해. 마라토너 한 분이 걷는 것 만큼 좋은 운동은 없다고 하더라. 그 운동을 한 달 내내 제주시에서 했단다. 오전에 무조건 편한 신발과 복장을 갖추고 숙소 밖을 나왔어.

여긴 바람이 자주 불긴 해. 아침이면 일어나자마자 의식처럼 창문을 열고 야자수를 쳐다보게 돼. 야자수 잎이 흔들리면 바람이 제주에 찾아왔다는 표시로 알고 머플러를 챙기지. 이어폰을 끼고 출발한 적도 있지만 이제 세상의 모든 소리를 듣고 내 안에서 조율하고 싶어.

지도를 보지 않고 만보기로 걸음 수를 기록하지도 않아. 거리와 시간 계산도 하지 않았어. 느린 걸음으로 걸었어. 큰 돌이나 돌하르방에 표기된 동네 이름부터 낯설어 전혀 지루하지 않아. 정겨운 플래카드가 걸려 있었어. 마을 이름, 부모 이름과 함께 '둘째 아들 서울대 컴퓨터공학과 합격'. 의류수선집 앞에는 귀여운 아기 사진과 함께 '손주 돌보느라 5시까지만 해요. 양해 바람'. 이렇게 골목길에는 사연이 있단다.

그렇게 조금만 걷다 보면 담 없는 아파트 단지 바로 곁으로 귤밭이 펼쳐지고, 붉은 동백이 지천인 전통가옥이 나타나고 갑자기 바다가 보이고 그래. 제주는 계속 가다 보면 어디든 바다와 닿아 있잖니. 도시와 농촌과 어촌이 융합된 곳이랄까. 흙길이나 돌길을 만나면 참 좋았고, 아스팔트길을 따라 걷기도 했어. 한 번은 외도물길에서 바다를 보고 있는데 바다가 나를 보고 있는 느낌을 받았다. 걷다가 배가 고파오면 500원 하는 찹쌀꽈배기를 사먹기도 했어. 혼자 음식점에 들어가지 못했던 내가 혼밥도 곧잘 하게 되었어.

제주는 가게 입구에 귤을 한 바구니씩 놔두는 곳이 많아. 상품화하지 못하고 좀 못생긴 귤들을 이웃에게 나눠준다고 하네. 그 귤들을 다시 오가는 손님들에게 제공하는 것이지. 제주 사람들에게 귤은 사 먹는 음식이 아니고 얻어먹는 음식이란다. 속옷가게에도, 꽃가게에도, 분식점에도 자유롭게 귤을 집어가게 놓아둔 거야. 여기 사람들이 가끔 외지인이냐며 이것저것 묻기도 해. 관심의 표현이야. 서울 사람들처럼 본인이 말하지 않으면 사생활을 묻지 않는 세련됨은 없어도 정감 있지 않니? 그런데 수백 년 된 해송 아래에서 쉬고 계시는 등

굽은 제주할망이 하시는 말들은 외국어 같아서 대부분 알아듣지 못했어.

또 걷다보면 동네마다 작은 도서관들이 보이더구나. 20년 전, 우리가 미국 뉴저지에 잠깐 살았을 때 동네도서관이 군데군데 있는 것이 신기했잖아. 이제 부러워하지 않아도 돼. 걷다가 쉬어가는 기분으로 작은 도서관에 들러 책을 읽기도 했어. 그러다 나와서 걸으면 감히 기대하게 되더라. 앞으로 닥칠 고난과 고통에 좀 더 성숙한 태도로 그것들을 상대해줄 수 있을 것 같은 자신감 말이야.

마음을 멈출 사이 없이 빛의 속도로 살다가 시계를 보지 않고 그만 걷고 싶을 때까지 걷다가 돌아오는 길, 조금 피곤해진 걸음으로 저녁 찬거리를 사오곤 했지. 농협마트 로컬푸드 코너에서 제주산을 사면 최고야. 향긋한 냉이를 실컷 담았는데 천 원도 안 되어 깜짝 놀랐어. 유채나물도 제철이네.

육지 생각이 전혀 나지 않은 것은 아니야. 공항이 가까워서 낮게 떠있는 비행기를 볼 때 백화점 가본 지 오래되었구나 하는 생각, 강남의 거리들이 떠오르기도 했어. 속물근성이 스멀스멀 올라오는 자신을 알아차려 보는 거지. 그러면서 제주의 아름다운 자연만이 아니라 제주인들 일상의 삶이 친근하게 느껴지기 시작했어. 걸으면서 스스로 얻어낸 수확이라 자랑스러워. 화산이 빚어낸 독특한 해양지형에 놓인 구멍 숭숭 뚫린 검은 돌담들처럼 내 영혼의 허파에서 내뿜는 호흡이 맑고 평안해질 것으로 믿어지는 순간이야.

걷고 걸었어. 걸음으로 구원에 이를 것처럼 말이야. 육지에서의 완장이나 딱지는 여기서 걷는 데 전혀 필요하지 않아. 겨울이 가면서 보여주는 애기초록을 환하게 맞이하고 싶을 뿐이야. 제주에서의 한 달 걷기가 내겐 순례길 같았단다. 길이 지닌 힘은 어느 길이든 있을 것이라고 생각하는 지금 이 순간, 이런 내가 좋다.

사랑하는 아들 진아, 생각나니? 네가 초등학교 1학년 겨울방학, 시골 이모집 한 달 살기 하고 왔는데 그러더구나. 들길을 걷는데 엄마가 보고 싶어서 가만히 '엄마' 하고 혼자 불러보았다고. 그런 경험, 나도 며칠 전에 했단다. 월대천을 가로지르는 돌길을 걷는데 갑자기 얼마 전에 돌아가신 우리 엄마가 몹시 그리웠어. 그래서 돌 위에 그대로 멈춰서 낮은 목소리로 불러보았어. '엄마~!'

(2019, '아산의 향기' 봄호 권두에세이)

2. 내가 나에게

몸살은 몸이 살려달라고 하는 것이라지? 한차례 앓고 나니 창가의 한 줄기 빛도 새롭구나. 한 해를 보내며 영혼에 쌓인 독소와 삶의 찌꺼기들을 날려 보내는 작업이었네. 여전히 아침 해는 솟았고, 삶은 계속되고 있어.

엔도 슈사쿠의 '침묵'을 다시 읽으니 몸의 회복과 함께 마음의 회복도 빨라진 느낌이야. 최근 지인에 대한 실망감으로 마음이 상했는데 이제 그만 떨쳐버리겠어. '인간에 대한 학대 가운데서 가장 나쁜 것은 마음을 헐뜯는 것'이라 했으니 상대에게 반격하기보다는 침묵할래. 경험으로 알잖아? 상처를 치유하는 최선의 방법은 곱씹는 것이 아니라 문제를 마음속에서 떠나보내는 것이라고. 묵은해를 보내고 새해를 맞듯이 새마음을 맞아들이자. 어디 세상이 이해할 수 있는 일만 일어나던가? 어디 사람들이 다 내 마음 같던가?

그럼에도 불구하고 감사할 일이 참 많구나. 어떤 처지에 있든지 무조건 지지해주고 믿어주는 사람이 있고, 좋은 사람들과 차 마시고 밥 먹을 수 있음이 감사한 지금. 그뿐인가. 칼럼을 읽고 감동하였다며 전혀 모르는 분이 육필로 쓴 팬레터를 보내주시고, 컨디션이 안 좋아 보이면 돈 받지 않고 드링크제부터 내미는 동네 약사님도 계시잖아.

옥, 너는 여전히 불완전한 인격에 천방지축 영혼의 소유자지만 합력하여 선을 이루고 싶은 근본 마음을 가지고 있어. 그리고 감사할 조건이 많다고 생각하며 사는 사람이니 행복하지 않니? 너무 열심히만 살려고 하지 말고 가끔 쉼표도 찍기로 하자. 다시 사랑하며 상처받아 가며 그렇게 살자꾸나.

사랑하고 사랑받는 것은 살아있다는 증거라고 하였잖아. 옥, 너 살아있어. 그래서 지금 행복한 사람이지. 내가 나를 안을 수 있다면 꼬옥 안아주고 싶다. 실수도 은총이라 하였으니 널 더욱 성장시키고 완성해 나가는 자양분인 너의 실수들을 그냥 껴안자.

몹시 추운 겨울밤, 거리를 걷다가 움츠린 어깨를 순간 확 펴며 시원한 여름바람이라고 생각해버렸더니 거짓말처럼 매섭던 추위가 시원하게 느껴졌잖아. 옥, 내 마음의 행로는 새해 받을 복들을 알아차리고 있어. 해피 새해 새날!

3. 여당도 야당도 아닌 인간당

아버지, 귀향길에 나서지 못하는 딸년은 명절만 되면 아버지 생각이 더욱 간절합니다. 전라도 여자가 경상도 남자한테 시집와 외며느리 노릇 하다 보니 올 추석에도 아버지께 성묘 드리러 가지 못함을 용서해 주십시오. 아버지, 언제까지나 저를 돌봐주고 간섭하여주실 줄 알았습니다. 그렇게 황망히 떠나시다니요.

어느 날 운전을 하는데 아버지 뒷모습과 너무 닮은 앞차의 운전자를 무작정 한참 따라가 본 적이 있어요. 죽음이란 보고 싶어도 볼 수 없고, 만지고 싶어도 만질 수 없고, 목소리를 듣고 싶어도 들을 수 없고, 오직 느낄 수만 있는 것이네요. 보고 싶습니다. 그립습니다.

시골 극장으로 내려온 낡은 필름의 영화들을 참 많이 보았지요. 비가 내리는 흑백 필름의 '맨발의 청춘' 영화를 볼 때 몰래 눈물을 훔치시던 아버지가 생각납니다. 공연히 어색해서 영사실 작은 구멍을 통해 흐르고 있는 뿌연 먼지 빛을 잡으려 발돋움했지요. 아버지는 쪼그만 게 사랑 이야기만 좋아한다며 꿀밤을 먹이셨고요. 극장집 딸이

버려진 영화 필름 조각들을 주어서 햇빛에 비춰보았던 놀이, '아낌없이 주련다'의 이민자, '독 짓는 늙은이'에 나오는 황해를 기억합니다.

삼킬 듯이 물고 부시던 하모니카 소리도 그립고, 엘비스 프레슬리 흉내를 내시던 전자기타 연주도 보고 싶습니다. 다방에 데려가서 아버지는 계란 노른자 동동 띄운 커피를 드시고, 제겐 항상 우유 한 잔을 시켜주셨지요. 그런데 마담 아줌마가 저를 맞은편 자리로 가게 하고 아버지 옆에 앉는 것이 참 싫었어요. 한국화가 많이 걸려 있던 그 청자다방을 생각만 해도 마음이 포근해지네요. 이렇게 지나간 시간은 아름다운 저녁놀 같습니다.

'나는 여당도 야당도 아니고 인간당이다!'라고 하셨던 아버지는 사람 좋아하고, 사람들도 많이 따랐지요. 아버지와 걷다 보면 사람들과 악수하느라 갈 길을 못 지나갈 정도였으니까요. 지금도 제 친구들이 말해요. 거리에서 아버지를 만나 인사하면 제과점에 데리고 들어가서 빵 봉지를 들려 보내셨다고요. 엄마는 저한테 하는 짓이 꼭 퍼주기 좋아하는 지 아버지 닮았다고 그러셨어요.

아버지, 저 어릴 적 못생겼다고 별명이 모과였잖아요. 그런데 어느 날 아버지가 아주 크고 미끈한 모과 두 개를 구해 오셔서는 모과도 이렇게 예쁜 과일이라며 내밀어 보이셨죠. 향긋한 모과향이 그득

해집니다.

그런데 아버지, 부인에게 너무 잔인하셨어요. 첫사랑 이름을 딸에게 붙여주시다니요. 저 고3 때 비로소 그 사실을 알고 화가 난 엄마가 개명하러 법원 가자고 하셔서 식겁했어요. 아버지, 사시는 동안 철부지 큰딸 년은 아버지를 다 알지 못하였습니다. 다만 아버지의 깊은 사랑만을 기억하며 아버지, 이 글로 대신하여 성묘를 합니다.

4. 여기는 별이 참 예뻐요!

아들, 미국 영화 '포가튼'을 본 적이 있니? 텔리(줄리안 무어)는 어느 날 갑자기 너무도 사랑하는 외아들 샘이 사라지는 고통을 겪는다. 누군가가 주도하고 세상 사람들이 담합해서 그녀에게 아들에 대한 기억을 지워버리려고 실험을 해. 샘의 아버지를 포함한 다른 모든 사람의 기억을 지워버리는 일은 일단 성공한다. 그러나 샘의 엄마인 텔리는 흔적조차 지워진 일상과 극한의 한계 상황 속에서도 샘에 대한 기억의 끈을 놓치지 않고 붙잡아 기어이 아들을 되찾는 내용이야.

그녀는 이 세상을 향해 혼자 싸워도 절대로 잊지 못하는 것은 생명력 때문이라고 말해. 자식이라는 존재는 어떤 경우에도 어미의 깊은 심연에 핵과 원소로 남아 지워질 수 없는 생명력인 것이지. 그것은 심장이고 에너지이고 근원 아니겠니.

사랑하는 아들아, 네가 한국을 떠난 지도 벌써 보름이 지났구나. 어제 처음으로 연결된 화상통화에서 '엄마, 여기는 별이 참 예뻐요!' 하는 말에 뭉클했어. 수험생으로 살면서 하늘 한 번 여유 있게 쳐다보지 못하고 뿌연 서울 하늘 아래서 고개 숙이고 다녔을 네가 아니니. 미국 대학 신입생으로 숙세하느라 정신없다 하면서도 알퐁스 도데의 소설 '별'에 나오는 목동처럼 네가 별을 보며 살 수 있음은 분명 축복이다. 목동은 아름다운 것만 생각하게 하는 맑은 별들을 보며 순전한 영혼을 지켰다는 대목이 생각난다. 네 마음 밭에도 별들이 쏟아지기를 바랄게.

기억나니? 아마 네가 예닐곱 살 때까지 하루에도 몇 번씩 물었던 말, '엄마, 나 얼마만큼 사랑해?' 그 질문에 지금도 그때처럼 똑같이 대답할 수 있단다. '백화점 백 개 주어도 우리 진이랑 안 바꾸지! 저 하늘의 별들과 저 하늘의 달과 저 하늘의 해님 다 합쳐도 우리 진이랑 안 바꾸~지!'

아들, 어머니라는 위대한 이름으로 살게 해주어 고맙다. 오늘의 나 되는데 자식인 네가 수고해 주었다. 어디에 있든지, 어느 시간에 있든지 우리 '지금 여기'를 살자. 그리고 우리에게 다가오는 좋고 나쁜 경험들을 잘 만나주고 상대해주자.

빨강 양말도 신어보고, 꿈을 좇아가 보자. 천국은 침노하는 자의 것이라 하지 않았니. 세상은 저지르는 자의 몫이라는 말도 있다. 네가 별을 바라볼 수 있으니 이미 넌 삶의 예술가야. 진, 네가 콩글리시라고 가르쳐주었지만 그래도 쓰고 싶네, 파이팅!!

5. 감나무에 감꽃이 피고

사랑하는 미야 씨, 감나무에 감꽃이 피고 감이 붉게 익어가면서 나무는 많이 아프다고 했죠. 지금 속상한 시간들, 내면이 더 깊이 익어가기 위해 겪는 아픔이라 생각하자는 미야 씨의 글에 위로와 힘을 얻네요. 이국땅에서 외롭고 힘든 순간이 많을 텐데 삶에 어리광하지 않고 늘 밝고 감사한 내용의 답장에 내가 배워요. 그러니 '언니를 우리 가족의 산타로 임명합니다.'라는 말은 정정해야 해요. 미야 씨가 나의 산타에요. 가족끼리 서로 사랑하는 것을 헬라어로 '스톨게'라고

한다네요. 온라인이라는 끈으로 지구 반대편에서 가족으로, 또 고단한 현재를 살아가는 동지로 연결될 수 있음이 감사한 지금이에요.

와, 그런데 벽 대신 사방이 유리로 둘러싸인 도서관 건물이라니요. 바다를 향해 군데군데 자리 잡은 소파들, 유리문을 열고 테라스로 나가면 마치 비치에 온 것처럼 드러누울 수 있는 긴 의자들, 그리고 다양한 테이블 세트들... 미야 씨네 동네 도서관 전경 묘사를 읽으니 정말 그곳에 가 종일 책 속에 파묻혀 보고 싶어지네요. 한국 같으면 호텔이나 카페가 세워졌을 자리에 공공도서관이 있다는 것에 미국을 다시 생각하게 된다는 말, 전적으로 공감해요. 책만 읽는다면 무슨 환경인들 제공 못 하리라는 그 발상 자체가 선진국인 것이지요.

책을 좋아하는 미야 씨, 친구 엄마가 늘 나중에 늙어 힘이 없고 외출도 못 하게 되면 책 한 보따리만 사서 방에 넣어주면 된다고 하셨다 해요. 그분, 이제는 책을 오래 볼 체력이 안 되고 시력도 좋지 않으셔서 생각처럼 독서량이 많지 않지만 꾸준히 책을 가까이 하시면서 "일흔이 넘게 살았어도 몰랐던 것들이 왜 이리 많지?" 그러신다네요. 우리 미래도 이렇지 않겠어요? 독서는 머리로 하는 여행이라 했는데 우리가 살아 숨 쉬는 한 계속되는 여행인 것이지요.

얼마 전 한국어를 배우기 시작한 외국인 학생, 크리스를 만났어요. 어설픈 발음으로 또박또박 간판이나 버스에 쓰여 있는 글자를 읽어 나가는 모습이 진지해서 대견하고 예쁘더라고요. 그 크리스가 두꺼운 한국 고전을 읽는 걸 보았어요. 신기해서 책 내용을 이해하고 읽는 거냐고 물었더니 뜻밖에 책 내용을 이해하는 것도 좋지만, 소리 내서 읽는 것도 중요하다고 말하는 것이에요. 신선한 자극이었어요. 그래서 나도 연구실 책꽂이 맨 아래쪽으로 비켜난, 오래된 셰익스피어 원서 한 권을 뽑아 무조건 소리 내어 읽고 싶어졌어요.

"To read or not to read, that is the question!" (읽느냐 안 읽느냐, 그것이 문제로다!)

미야 씨, 방송일에 대한 미련 없어요? 방송 그거 은근 중독성 있거든요. 과감히 방송계와 단절하고 가족과 자족하며 사는 미야 씨가 대단하게 느껴질 때가 있어요. 난 미야 씨가 샌디에이고에서 살아가는 이야기를 기록해놓았다가 나중에 책을 내면 참 좋겠어요.

꽃차, 이렇게 단순하게 불리는 것을 미야 씨는 '따듯한 물에서 꽃이 피는 재미있는 차'라고 표현하잖아요. 그런 정서와 감성은 아무나 갖는 것 아니에요. 수필은 삶을 좀 살아보고 써야 하는 글이라 생각해요.

미야 씨, 지금부터 올케가 미션을 줄게요. '에세이를 쓴다, 지금 한다, 내가 한다!' 숙제 검사하러 미국 갈지도 몰라요. 아니 숙제 가지고 한국 나오세요. 좋아하는 정구지찌짐 많이 해줄게요.

인플루엔자 진원지가 멕시코라니 은근 걱정이 되네요. 샌디에이고와 근접해 있으니 말이에요. 근데 걱정 안 할게요. 걱정은 걱정을 낳으니까요. 그냥 평화의 꽃을 전하며 아디어스!

6. 장미꽃 한 송이, 그리고 꽃잎

영아, 텍사스에 비가 많이 온다고 뉴스에서 그러네. 안부전화 대신 메일 쓴다. 자연재해 앞에 무력한 우리, 인간의 의지대로 되는 일이 얼마나 될까 싶다.

기억하니? 세상을 행복하게 사는 방법의 첫 번째가 자주 하늘을 쳐다보는 것이라고 네가 내게 가르쳐주었어. 일상에 허덕이다가도 부러 하늘을 본다. 위례 신도시로 이사 온 후, 거실의 창으로 하늘을 볼 수 있고 5분만 걸으면 숲속의 하늘도 볼 수 있어서 좋아. 조카가 이모에게 선한 영향력을 주고, 서로 실천하니 우린 참 영양가 있는 사이 맞네.

신랑이 지금도 장미꽃 한 다발을 침대 곁에 꽂아두고 꽃잎을 뜯어서 침대 위에 곱게 하트 모양을 만들어놓고 그러니? 한국에서 그러면 닭살이라 한다고 전해라. 부러워서 질투 났어. 사실 대한민국 남자들이 이런 거 배워야 하는데. 특히 우리 집, 경상도 남자 한 명 있거든. "말을 해야 아나?" 그러는 사람 말이야. 그럼 말을 해야 알지, 표현을 해야 알지! 그래서 내가 제일 싫어하는 경상도 말 세 가지가 있다. '됐다, 치아라, 파이다!'

우리 예전에 모여 살면서 북적북적하던 때가 좋았다. 그치? 맨날 너희 집으로 건너가서 밥 얻어먹었었지. 지금 생각하니 우리 형부, 참 살가운 분이셔. 숟가락 하나 더 놓으면 되니까 밥 먹으러 오라고 자주 전화하셨으니 말이야. 사랑을 많이 받은 사람이 사랑을 줄 줄도 안다고 하니 너나 나나 그렇게 살아지겠지. 서로 온기를 나누며 바람막이가 되어주는 사이에 촌수가 무슨 상관이겠니.

지난번 메일에 쿨하다 못해 서늘해질 만큼 자기발전에 쉴 틈을 주지 않는 롤모델이라고 날 과분하고 민망하게 표현했는데 영아, 쥐구멍을 찾았고 이모는 '내 영혼을 아니?' 이렇게 묻고 싶어. 정말로 난 많은 모순점을 가진 불완전한 사람이야. 뭐든지 이모는 늦었잖아. 그래서 남들보다 더 분주하게 많은 일을 감당하며 지내고 있는지 모르겠어.

피아니스트의 삶보다 인생에 집중해야 할 에너지가 가족인거 같다는 네 말이 옳아. 가족을 위한 연주가 이 세상에서 가장 고난도의 연주 아닐까? 세상에 숨겨놓은 신비를 캐는 사람은 너야. 이국땅에서 당당하게 일하며 부모까지 모시고 사는 네가 대견하고 자랑스러워.

지금도 귤 많이 먹니? 너무 좋아해서 손바닥이 노랗게 물들 정도였잖아. 오렌지는 몰라도 귤은 얼마든지 먹게 해줄 수 있어. 제주 놀러와. 메일을 마치면서 너 어릴 때 놀이처럼 했넌 말, 다시 묻고 싶네. "우리 영이 귀는 무슨 귀?" 그러면 네가 그랬잖아. "쪽. 박. 귀!"

사랑하는 내 조카 쪽박귀, 안녕.

7. 열일곱 소녀꼰대다 어쩔래?

언제나 열일곱 소녀 같은 그대를 보며, 깜짝깜짝 놀라곤 한다고? 이게 조카가 이모한테 하는 말 맞나? 그런데 이상하게 기분 나쁘지 않고 좋은 거 있지. 뭐랄까 너와 나, 세대차이가 나도 소통이 어렵지 않다는 뜻으로 들려서 말이야. 내가 늘 젊은 학생들과 지내서라면 너도 그들의 기를 받고 싶다고 했지? 그런 면도 있겠지만 철들지 않아서 일 거야.

얼마 전에 병원에 갈 일이 있어서 검사를 했는데 철분이 많이 부족하다는 것이야. 그 말을 듣던 이모부가 철이 안 들어서 철분이 부족하다고 정리해주더구나. 심지어 한 선배 교수는 나더러 '교수님, 이제 신입 교수 아니세요.' 그러는 거 있지? 교수의 정체성이 없다는 냉소적인 말 같았어. 어찌 되었든, 어떤 경우에도 최소한 네게는 이해받을 수 있을 것 같아서 배경 하나 있는 느낌이란다. 부담스러워도 하는 수 없다. 철부지 이모를 둔 업보라 생각하렴.

삶은 우리를 늘 원하는 것만 하게 내버려 두지 않는다는 네 말에도 동감이야. 하루라도 라디오를 듣지 않으면 못살 것 같이 라디오가 좋아서 라디오 프로듀서가 된 지금, 속된 용어로 공장에서 막상 일해 보니 네가 원하는 대로 프로그램을 할 수만은 없지?

조직생활에서 종속관계가 형성되고 그 와중에 주인으로 살 수 있는 시스템이 아닌 거 인정할 것은 인정하자. 라디오를 애인처럼 여기고 살던 네가 라디오와 함께 호흡하고 긴장하고 속상해하면 라디오 가족된 거 맞다. 라디오 덕을 보고 살려는 마음만 내려놓으면 되지 않을까?

사람의 심금 밑바닥에 있는 종의 종류는 몇 개 되지 않는다고 해. 그 몇 개 되지 않는 종을 울려서 몸 전체를 떨게 만드는 것이 대중예술이고 대중매체 같은데 말이지. 20대가 가지고 있는 종과 50대의 종이 다를 거야. 그런데 이런 간극보다 정서 그 자체의 공명 주파수가 전혀 다른 불특정 다수를 대상으로 하는 일이 네 일이니 전부를 아우르는 교만은 방송일에서 애당초 성립되지 않는 것이 아닐까? 방송 현장에서 멀어진 내가 섣부른 조언을 해본다. 미안, 이모는 열일곱 소녀꼰대이고 만다.

이PD, 이모가 널 자랑스러워하는 이유는 토익 만점자, 4년 내내 올A 받고 그 어렵다는 언론고시 합격해서가 아니고 잘 살기보다 바르게 살고 싶어 하는 사람이기 때문이야. 그 실천의 방법으로 진보적 태도를 가진 이 땅의 젊은이이기도 하지만 누구보다 따듯한 네가 아니니.

중환자실에 있는 막내이모 면회시간에 맞추어 목동에서 아산병원까지 헐레벌떡 오던 널 보며 지극한 성실에 한없이 고마웠다. 말리고도 싶었지만, 너의 그 사랑에 온기가 가득해서 사양할 수가 없었다. 우리 슬픔과 아픔일랑 충분히 공감해버렸으니 이제 유쾌하고 용기 있는 사람으로 다시 공감대 형성해보자.

마지막으로 열일곱 소녀꼰대의 청, 노처녀 시집가라는 말 못하는 분위기인데 결혼도 해보아야 절망도 안다고 말하고 싶다. '아휴 이모, 지금도 충분히 알아요. 더 이상 알고 싶지 않아요!' 그렇게 되받아칠 준비 하고 있는 거 아니지?

묶음 셋,

그대들이 나의 스승

1. 하늘과 바람과 별과 시

영화 〈동주〉에 대해 발표하는 그대에게 윤동주 묘소에 가보았냐고 물었지? 안 가보았다고 대답해서 내가 한번 가보라고, 중국 용정마을에 있다고 지나가는 말로 하니까 강의실에 웃음보따리가 터졌는데 왜? 아마도 중국에 있다는 말에 우리 학생들이 웃었나본데 가면 되지 그리 실현 가능하지 않은 일도 아닌데 말이야.

지난여름 용정 교회 묘지에 자리하고 있는 윤동주 묘 앞에서 와인 한 잔 마신 이야기를 하지 않을 수 없구나. 국화 한 송이 상석 앞에 올려놓고, 봉분만 쓸쓸하게 올라와 있는 묘를 보는 순간 아픔과 감격으로 벅찼어. 영화 〈동주〉에 그런 대사가 나왔지?

'세상을 변화시키지 못할 거면 문학이 무슨 소용이오?'

나의 안일한 글쓰기가 부끄러웠고, 윤동주의 시대정신을 다시 생각해보았다. 그리고 중국의 묘 풍습은 떼를 심지 않는다는데 푸른 잔디로 곱게 옷을 입혀드리고 싶었다. 동행한 시인 한 분이 뜻밖에 와인과 잔을 준비해 왔어. 한 잔 얻어 마시며 윤 시인의 고뇌와 지난한 삶을 조금이라도 닮고 싶어졌다. 동행 시인, 연세의대 출신인데 힘들 때마다 교정에 있는 윤동주 시비를 찾아 '서시'를 읽으며 생각을 정리하고 심지어 그 앞에서 술 마시다가 자기도 하다 시인이 된 사람이야.

어떻게 윤동주 시신이 조선족 마을인 용정에 올 수 있었는지 아니? 후쿠오카감옥에서 윤동주 옥사를 통고하면서 시신을 가져가지 않으면 규슈대학 해부용으로 제공할 예정이라고 했단다. 윤 시인의 부친이 주변의 만류에도 불구하고 시신만은 꼭 고국에 데려오겠다는 결단이 아니었으면 윤동주 시인은 규슈대학 의학부 해부실에서... 생각만 해도 아찔하고 끔찍한 일이다.

그 어머니는 먼저 간 자식의 죽음에는 곡을 하지 않는 조선 법도로 참척의 슬픔을 속으로만 삭이다가 빨랫거리를 챙기는데 동주의 흰 와이셔츠가 나오자 목을 놓아 통곡하셨단다. 어머니의 마음이 전달되어와 나도 목이 메었다. 그런데 이 어머니, 보통 묘비명과 달리 시인으로 살다 간 아들을 기리며 '시인 윤동주지묘'라는 글씨를 새

기게 하셨다고 해. 뿐만 아니라 깊은 우애를 나누며 일본 교토에서 같이 조선독립운동을 하였던 둘이 죽어서도 함께 있으라고 동주 고종사촌, 송몽규의 묘를 나란히 옮겨놓았더라. '청년문사 송몽규지묘'.

지식인의 애국과 현실참여 방법에 여러 가지가 있겠지만 이들은 펜과 굴하지 않는 정신으로 저항했잖아. 참배하고 끝없이 펼쳐진 옥수수밭길을 걸어 나오는데 어떻게 살아야 할지를 그 두 분이 말해주고 있는 것만 같았어. 땅을 딛고 있는 여기에서 내가 할 바가 무엇인가 생각하게 되더군. 시에서처럼 '나의 길은 언제나 새로운 길, 오늘도 내일도' 그러면서 살아보고 싶어졌어. 그대 역시 달란트를 살려 배우로서 세상을 변화시킬 수 있다고 말해주고 싶어. 지적인 이미지의 그대가 언젠가 윤동주 시인의 배역을 맡기를 기대하고 지지한다.

윤동주 생가, 송몽규 옛집, 명동학교 옛터 그리고 윤동주 평생전시관(현지는 생평전시관이라 적혀 있다)을 둘러보고 백두산 등정, 3대가 덕을 쌓아야 볼 수 있다는 천지를 보았다. 좋은 날씨 덕분이었지. 그런데 앞으로 난 중국에서 백두산은 가고 싶지 않아. 10년 전에 갔던 신비하고 웅장한 백두산이 아니라 관광 상품화된 백두산 주변을 보니 속이 상할 정도였다. 통일이 되거나 남북교류가 이루어지면 우리 땅에서 백두산을 갈 것이야. 꼭 그러고 싶어.

그대가 발표한 영화 〈동주〉 덕분에 어설픈 글쟁이에 머물고 있는 내 자신을 잠시 성찰하는 기회가 되었네. 그래서 그대들이 나의 스승이야. 참, 윤동주 유고시집 〈하늘과 바람과 별과 시〉에 수록된 31편이 돌비석으로 세워져 있는 곳이 있어. 전라남도 광양에 있는 윤동주 시비공원이라도 먼저 다녀오렴.

윤동주의 별을 보고 꿈을 꾸는 민족정신이 그대에게도 흐르기를!

2. 나는 밀리언 달러 베이비

스완, 그대가 선물한 에코백 안의 메모가 뭉클하게 하네. '교수이기 전에 선생님으로 남아주어서 고맙다'는. 내가 진정 선생의 자격이 있는지... 진정성만 가지고 그대들을 만나고 있는데 뭔가 실체보다 더 큰 보상을 받은 기분이야. 고마워.

내 선생님 한 분이 영성지수의 최고봉은 돌아올 것을 생각하지 않고 베푸는 친절이라고 했어. 그런 친절을 많이 받아온 난 정작 내 선생님들을 찾아뵙지 못하고 있구나.

초등학교 4학년 때 담임선생님이신 김정란 선생님이 생각난다. 학년 말 방학하는 날인데 양호선생님 계시는지 보고만 오라고 심부름을 시키시는 거야. 그 사이에 선생님은 내 가방 안에 멋진 장정의 일기장을 몰래 넣어 놓으셨어. '사과 선생님이'라는 메모와 함께. 항상 양 볼이 붉으셨거든. 그 일기장은 가득 채워서 지금도 가지고 있다. 글을 쓰는 습관이 그때부터 길러진 것 같아.

초등학교 졸업식 날, 뜻밖에 6학년 담임선생님이 우리집을 방문하신 거야. '고려카라멜' 수백 개가 든 박스를 들고 오셨어. 수업시간에 종종 그 '고려카라멜'을 몰래 먹다가 들켜서 야단맞고 그랬었거든. 지금도 캐러멜 사탕을 보면 그때 그 무뚝뚝하시던 김한수 선생님이 안겨주신 졸업선물이 생각나지.

중학교 2학년 담임선생님은 아무 조건 없이 선생님 댁에서 영어를 개인지도 해주셨어. 그 선생님이 미국유학을 떠나셨는데 제자의 유학행을 권하시며 지원할 학교와 노트까지 준비해 놓으시고 여러 해를 기다려 주셨단다. 그 선생님께 받은 USA 항공봉함엽서 편지는 지금도 두 상자 가득 보관하고 있지. 정작 그 제자는 유학 가지 않았어. 사랑에 빠졌거든.

사랑이냐 공부냐를 놓고 갈팡질팡하는 제자를 위해 한국에 한 번 나오셔서 지금의 남편을 만나보시더니 사랑을 택하라며 양보하고 떠나셨단다. 전성심 선생님은 항상 빛나는 것만이 금은 아니라고 강조하셨다.

대학입시에 실패하고 서울 외삼촌댁에서 재수학원에 다니던 난 용두동 광석교회에 다녔어. 대학생이 아니니 대학부에 들어갈 수 없고, 어정쩡해 있는 시골 출신 재수생을 강혜원 고등부 선생님은 흔쾌히 자신이 맡으셔서 얼마나 친절하게 대해주셨는지 몰라. 주일날이 기다려졌음은 물론이지. 그 선생님의 사랑과 열정 가득한 공과 공부 시간은 지금도 선명하게 내 가슴에 자리하고 있어.

나이 들어 시작한 대학원 생활은 여러 가지로 젊은 학생들에 비해 뒤쳐지는 것 같아 위축되고 힘들었어. 실력도, 배경도 없는 아줌마학생을 한 교수님은 마음의 수첩에 수제자로 진즉에 적어놓았다며 수시로 격려해주셨어. 자신감 없어서 스트레스받는 제자에게 세상의 모든 일은 사람이 하는 일이라며 용기를 주셨지. 그 결과 십여 명 입학 동기들 중에 세 명만 학위를 받았는데 그 세 명 안에 낄 수가 있었단다.

돌아올 것을 생각하지 않고 친절을 베푸신 선생님들은 부족하고 모순투성이인 나를 영화 제목처럼 '밀리언 달러 베이비'로 대해주신 거야. 그 영화에 '무쿠슈라'라는 그리스어가 나온다. 연인보다도 더

가깝고 깊은 혈육과 같은 존재라는 의미란다. 혈육이란 부담스럽다고 금방 내칠 수 있는 것도 아니고 실수한다고 해서 유예기간 없이 소원할 수 있는 관계가 아니지.

스완, 성장하면서 선생님들께 그런 혈육과 같은 사랑을 받은 덕에 그대들에게 선생님이라는 귀한 호칭으로 불릴 수 있는지도 몰라. 나의 삶을 깊고 넓게 확장시켜 주신 선생님들, 고맙습니다.

3. 용서하고 말고 하는 존재 아니야

'어렸을 적 그분이 나를 먼저 버렸어요. 내 몸에 흐르는 피를 뽑아 버리고 싶을 만큼, 원망하며 살았어요.' 이렇게 시작된 너의 편지는 마음이 많이 아팠다.

네게 몽실이라는 애칭을 붙여주고 싶구나. 권정생님의 '몽실언니'를 읽어보았니? 몽실이라는 말이 심마니들의 은어로 '꿈'을 의미하는 말이라고 해. 네가 웃는 모습이 김이 몽실몽실 오르는 찐빵 같기도 해서 마음대로 널 몽실이라 부르기로 했어. 괜찮지?

낳아준 엄마를 찾고 싶은데 지금의 가족을 위해서 그만두는 것이 낫겠다고 결론을 미리 내렸지만 네 안에 갈등이 많음을 느꼈다. 그렇게 밉고 원망스러운 엄마였는데 먼발치에서 잘사는 모습이라도 보고 싶다는 그 마음을 왜 모르겠니.

지금 길러주신 엄마, 자신의 배 아파서 낳은 자식이 아니란 생각에 술 한잔하신 날이면 사랑해란 말을 사무치게, 너무 아프게 하신다고. 그래서 지금의 엄마를 힘들게 하고 싶지 않다고. 낳아주신 엄마 때문에 죽고 싶었다면, 지금의 엄마 때문에 살고 싶다는 글을 읽는데 이 기구한 상황 가운데에서도 네가 잘 성장하였음이 선생인 나로서는 그저 고맙구나.

그런데 몽실아, 무엇을 그만두어도 해보고 그만두는 편이 낫다고 말해주고 싶어. 새엄마가 아셔도 이해하실 거야. 낳은 엄마를 만나고 싶은 마음을 이해 못할 엄마는 이 세상에 아무도 없어. 왜냐하면 엄마라는 존재는 곧 누군가의 딸이니까.

사랑하는 몽실, 네 내면의 어린아이 상처를 생각하니 정말 마음이 아프구나. 갑자기 당한 엄마의 부재에 얼마나 무섭고 외로웠니. 그 어린아이를 안아주고 싶은 마음이다.

그런데 몽실, 부모란 존재는 내가 용서하고 말고 하는 대상이 아니다. 우리가 스스로 선택해서 부모를 정한 것 아니잖아. 부모와 자식 간은 혈연 중에서도 천륜이야.

몽실이는 건강한 자아를 가졌으니 염려 안 한다. 억지로 봉합하지 않고, 지금 네 안의 목소리에 귀 기울이고 있는 것이야. 몽실이다움이 가장 자연스러운 것이지.

몽실아, 엄마를 찾아보기로 한 것은 잘한 결성이야. 하늘의 인연으로 정해져 있는 관계라는 말, 맞는 말이다. 널 이 세상에 존재케 해주신 분이다. 엄마의 태에서 나온 너인 것이다. 그냥 무조건 만나 뵈어라. 아무 말 하지 않고 손만 잡아드려도 된다. 나도 도울게. 사랑한다.

4. 뭐든지 늦었어

김 교수, 잘 도착했나? 선생 밥 한 끼 대접하고 싶다고 멀리까지 와주어 고마워. 옛날식 불고기 맛도 좋았지만 그대랑 오랜만에 마주하고 옛이야기 나누니 좋았네.

졸업한 지 오래된 제자들을 많이 기억하고 있다며 놀랬지? 그대 학번이 내가 대학 강의를 시작한 첫 해이니 잊을 수가 없지. 첫사랑은 잊히지 않는 것처럼 말이야. 신참 강사 티를 내지 않으려고 목소리 높여 거칠게 수업했음을 이제야 고백해. 그때는 강의 중에 어떤 말을 해도 그대들을 위함을 알 것이라는 믿음이 있었어. 그래 막힘이 없었는데 요즘은 자기검열로 비겁해진 기분이야. 거침없이 당당하지 않아. 스스로 위축되는 자신을 보네.

박사과정에 합격하였다며 찾아와 둘이서 조촐한 축하파티를 한 일이 엊그제 같은데 대학에서 자리를 잡았으니 감사한 일이지. 졸업 후 꾸준히 찾아와주니 내가 그럴만한 자격이 있는지 생각하게 되네. 그대와 마주해서 느리게 살아온 이야기를 나눌 수 있음이 분명 내 복이네.

대학로 연극판에서 무명배우 생활을 하다가 서른이 넘어 대학에 들어온 그대는 졸업 후 충청도에 있는 연기학원에서 꿈나무 배우 지망생들을 가르쳤지. 그러면서 매주 한 번은 경상도 땅으로 넘어가 대학에서 강의하고 또 서울을 오르락내리락하며 학업을 계속하였으니 열심히 산 그대 맞네.

혼자 힘으로 대학을 졸업하고 대학원을 가고, 서두르지 않고 한

단계씩 이루어 가는 과정을 지켜보는 선생의 마음은 그저 고맙고 대견해. 난 그대가 남보다 결코 빠르지 않은 행보로 익힌 인내와 겸손을 알지. 자기 자신과 가족만 아는 소시민적 삶을 살지 않을 것임을 확신하네.

김 교수의 선생 또한 마흔 넘어 진학하고 과정을 마쳤지. 전임교수가 되기 전, 보따리장수라 하는 이 대학 저 대학 시간강사 노릇 하였어. 자신의 연구실이 없으니 강의와 강의 사이에 깃들일 곳을 찾는 대신 무작정 캠퍼스를 거닐기도 하였고, 승용차 안에서 김밥 한 줄로 점심을 해결하기도 하였지. 그래서 지금 외래교수들에게 내 연구실에 들르라고 자주 말하고 있어. 소속감 없는 강사생활을 해보지 않고 바로 교수가 되었다면 공간의 필요성을 잘 몰랐을지도 모르니 절대로 버릴 경험은 없는 것이지. 그대가 자리를 못 잡은 학교 후배들을 학원 일터로 불러 함께 일하고 격려해준 맏형 노릇을 단단히 했었다고 들었어. 고맙고 든든한 일이네.

김 교수, 천천히 가는 것이 그렇게 나쁘지만은 않다고 말해주고 싶네. '어린왕자' 책에 알약 한 알만 먹으면 한 달 동안 목이 마르지 않는 획기적인 약을 발명했다고 호들갑 떠는 발명가 이야기가 나오지. 그렇게 된다면 마른 목을 축이기 위해 샘을 찾아 걷는 사이에 발견하는 인생의 하늬바람, 우호적이든 적대적이든 만나게 되는 사람들과의 부대낌, 그렇게 열심히 살다가도 불쑥 솟곤 하는 서러움 같은 것을 느끼지 못할 것 아닌가. 혼자 면벽하여 동굴 속에서 얻는 도보다는 세상 사람들 속에서 다소 우직하게 보일지라도 느리게 살아가며 얻는 도를 나는 여전히 높이 사고 싶어.

누군가는 시간을 관리하는 차원을 넘어 시간의 지배자가 되고, 생각의 속도로 변해가는 세상을 따라잡자고 하지만 조금 느린 것이 괜찮음을 그대와 공감대로 삼은 대화는 보석 같은 시간이었어. 엘리베이터 타는 것보다는 계단을 걸어 올라가는 것이 건강에도 좋다 하지 않는가. 이제 많이 걸었으니 성품 좋은 색시 얻어서 또 그대의 삶을 확장하고 업그레이드 해보시게! 선생의 잔소리로 들려도 하고 싶은 말이었다우.

5. 그대가 진정 최고의 배우

준, 그대가 단역으로 출연한 영화 〈고산자, 대동여지도〉를 극장에서 보았어. 바닷가에 군중들이 모여 있는 장면이었지. 아무리 잠깐 나왔어도 상투 틀고 표정연기하고 있는 그대를 몰라볼 리가 없지. 수고 많았어. 그런데 너무 잠깐 눈 깜짝할 사이에 지나가버려 아쉬운 마음 있었음을 표현하지 않을 수 없네.

누가 뭐래도 난 그대를 최고의 배우로 생각하고 있어. 언제부터인지 아니? 〈군함도〉 영화 이야기부터였을 것이야. 아주 기쁘게 좋은 영화에 출연하게 되어 부산에서 한 달간 합숙 중이라고 가끔 소식을 전해왔잖아. 그런데 다시, 편집과정에서 잘려 못 나오게 되었지만 참 좋은 영화이니 꼭 보시라는 글을 읽고 난 후부터야. 삶이 힘들다는 사실을 받아들일 때 우리는 성장을 시작하는 것이라는 말, 틀리지 않아. 그대는 10년 넘은 무명배우 생활에서도 한 번도 힘들다는 말을 하지 않았어. 늘 감사하고 좋은 분들과 함께 일하고 있다고 해왔어. 이런 그대가 훌륭한 배우가 아니면 누가 훌륭한 배우이니?

무심한 듯, 건조한 듯, 기교 하나 없이 삶을 신파로 만들지 않고 뚜벅뚜벅 좋아하는 연기자의 길을 걷고 있는 그대 삶의 노래가 마치 가톨릭에서 수사님들이 부르는 미사전례송처럼 뭉클하다. 수술을 두 번이나 받았다고 후일담을 전할 때는 다 회복되었다 해도 걱정이 되었다. 육체는 보이는 영혼이고, 영혼은 보이지 않는 육체라 하였다. 그래서 따로따로가 아닌 영육강건이라는 말이 있는지 모르겠어. 무조건 건강해야 한다. 건강은 배우의 제일가는 관리 덕목이라고 생각해.

준, 그대의 계속되는 도전에 성장과 발전, 그리고 행운이 따라와 줄 것을 믿으며 기도할게. 어떤 한 가지를 10년 이상 하면 분명히 결과가 있을 것이라고 내가 강조했는데 이제 그 10년이 지났으니 서서히 좋은 결과들이 생겨날 거야. 그대가 좋아하는 연기를 제대로 펼칠 수 있는 그런 장을 소망한다.

독서모임을 갖고 있다는 말에 감동받았어. 내면의 성장을 꾀하고 있는 네게 모든 문제는 기회가 될 것이야. 인문학적 소양에 관심을 갖고 있는 배우이니 연기가 더 깊어지고 진정성이 있을 것임에 더욱 기대가 된다.

위례지역 연기학원에서도 일하게 되었다는 반가운 소식에 이제는 정말 꼭 보고 싶구나. 위례신도시로 이사했거든 내가. 연락 기다리마. 그동안 연기자로 성공해서 찾아뵙겠다는 말, 조금은 서운했어. 사제지간이 꼭 성공해야 만나는 관계 아니잖아. 스타 제자가 아니라 좋은 배우 제자가 난 좋아.

정성스럽게 포장해서 보내준 향초의 재스민 향이 온 집 안에 은은하게 퍼져 향테라피를 음미하고 있어. 선생을 향한 한결같은 네 마음이 치유의 향이다.

6. 계속 방황해보자

린, 여기 월드컵경기장 있는 상암 스탠포드호텔 인터넷존이다. 에니어그램 교육받으러 왔어. 1박 2일 과정이야. 관심이 많아 오랫동안 공부해왔다. 에니어그램은 사람을 9가지 성격으로 분류하는 인간이해의 틀이라고 보통 설명하지.

나를 알고 싶고 캐릭터, 즉 사람에 대해 관심이 많은 편이라고나 할까? 결국 작가의 모든 쓰는 행위는 인간을 그리는 작업 아니겠니? 심화과정인 줄 알고 교육신청을 했는데 기초과정이라 좀 실망스럽지만, 언제나 사람 공부는 재미있네. 9가지 성격유형에 얽매여 살지 않고 정말은 10번의 삶, 즉 통합의 삶을 살기 위함이 에니어그램을 공부하는 궁극의 목적이란다. 나 또한 자유자재, 능수능란한 삶을 추구하려고 노력하고 있지.

'인간은 지향이 있는 한 방황한다'고 했던가. 방황의 끝은 죽을 때까지 포기 못 하는 욕망과도 같은 것 아닐까. 이제 그만 방황하고 싶다는 네 말에 부분적으로 동의하고 싶지 않구나.

늘 혼돈 속에 정리되지 않은 자아로 살고 있는 나로서는 풀어야 풀린다는 말을 내면의 화두로 삼는다. 다 풀어버리는 거다. 마술사가 흐느적거리는 천을 손으로 마구 흔들어대니 단단한 막대기로 변했지. 천이었던 것이 막대기로 변하는 것이 아니라 원래 막대기였는데 천으로 보였던 것이다.

린, 그대가 좋아한다는 정호승 시인에게 어느 도인이 '너는 원래 순금이었다'고 했다는 글을 보았어. 그런데 정 시인은 자신을 잡철로 알고 살았다고 썼더구나. 나 역시 선생으로 살고 있지만 이도저도 아닌 그야말로 잡철로 살아가고 있는 것만 같구나. 뭔가 쓰고 있을 때 오히려 정체성을 느끼고, 창작 행위에 자기만족이 있음을 깨닫는다. 그런데 게을러서 스스로 기획하고 쓰기보다는 어떤 동기나 환경이 주어질 때 집중하는 편이니 결코 순금의 상태는 아닌 것이지.

교육 마치고 저녁식사 후 호텔을 빠져나가 이곳 상암을 좀 둘러보았다. 좋아하는 팥빙수집 '옥루몽' 간판이 보여 반갑기도 하였지만, 마천루 숲의 위용에 그만 턱하니 숨이 막힐 정도였다. 건물들의 크기가 엄청나서 오히려 저만치 고층 아파트가 초라해 보일 정도로 다른 행성의 망망대해에 떠 있는 느낌이었어.

상암 빌딩숲 밤거리에는 거의 젊은이들뿐이더구나. IT쪽 회사들이 많아서인가 보다. 그래도 낮보다 밤은 아트적인 조명들이 보여 덜 삭막하고 화려하네. MBC나 YTN 건물 외벽에 형형색색의 조명등으로 인테리어를 한 그것을 컴퓨터그래픽도 아니고 뭐라 하는지 모르겠지만 멋지고 근사해. 비디오아트라고 하나?

지금은 새벽 3시가 넘었고 인터넷존 컴퓨터 앞에 나 혼자야. 호텔 로비에는 알루미늄으로 만든 여인상이 있네. 혼자 외박의 고독을 누리고 싶었는데 추가요금을 내야 해서 2인 1실을 배정받았어. 룸메이트분의 숙면에 방해될 것 같아 지금 들어갈 수도 없고 조금 더 버티다 아침이 되면 들어가련다. 전형적인 올빼미의 악습이 반복되고 있는 셈이지.

네 선배가 대학로에서 첫 공연을 올리게 되었다고 극본을 봐 달라 부탁해서 비즈니스 센터로 내려왔거든. 졸업반인데 너무 빨리 데뷔하게 되어 걱정도 되지만 선생의 보람은 이렇게 제자의 데뷔 소식이 최고이지.

이 여름 무조건 건강이다. 너무 폐인처럼 그렇게 살지 말고 방황도 건강 살피면서!

7. 아프면 아프리라!

수진, 대로에서 팬티를 벗을 준비를 하고 있다고? 놀라지 않아. 김연수 산문집을 나도 읽었거든. 작가는 그래야 한다고 써진 글 말이야. 장하다. 알을 깨고 난 사람만이 할 수 있는 이야기지. 그대는 좋은 작가가 될 거야. 난 전화통화 별로 안 좋아하는데 제자가 공모전에 당선되었다는 소리는 아주 좋아. 자주 그런 전화 주렴.

막상 학교를 졸업하니 막막하지? 그래서 내가 최고로 축복된 직업은 학생이라고 했잖니. 진학하고 싶다면 추천해줄게. 작가에게 꼭 학위가 필요한 것은 아니지만 네가 어떤 식으로 쓰임 받을지 모르는 일이고, 부모님에게 신세를 지는 일도 효도라고 했던 말, 기억해? 부모님이 지원해주신다면 진학도 고려해보렴.

내 근황이 궁금하다구? 평범해. 읽고 쓰고 일상의 반복이지. 뭔가 쓸 준비를 하고 있긴 해. 도전해보는 새 장르인데 공부 다 하려면 100년은 걸릴 것 같아서 일단 쓰고 보려고 한다. 이제 겨우 시작이니 다음에 말해주마.

오랜만에 '씬투' 오비 멤버들을 만났다. 벌써 20년이 넘은 드라마 스터디모임이야. 열정만으로 똘똘 뭉쳐서 일주일에 한 번씩 만나 합평회를 가졌던 그 때가 최고로 열심히 썼던 시기였지. '어떻게 하면 인간을 잘 그릴 수 있어요?' 우린 그런 질문을 했었어. 그런데 요즘 작가지망생들은 '어떻게 하면 데뷔할 수 있어요?' 그렇게 묻더라구. 찔리지? 삶이 계산대로 되지 않는 것처럼 일이라는 것도 꼭 정석이 있는 것은 아니야. '큰바위 얼굴'에서의 어니스트처럼 닮고자 하면 어느 사이 성큼 다가와 있기를 바랄뿐.

'씬투'에 잘나가는 작가도 있지만 성실한 전업주부도 있고, 나처럼 직장인의 삶을 살면서 작가노릇을 병행하는 사람도 있고 각자의 처지에서 열심히 사는 모습이 참 좋다. 끈끈하기로는 드라마작가들 사이에서 전무후무한 스터디그룹으로 알고 있어. 자화자찬 맞다.

그중 한 명은 술 먹고 길가에서 '역사에 속고 사랑에 속아 슬퍼요' 그러면서 소리를 지르다가 주민신고로 경찰이 달려오기도 했어. 우리의 지난 20년 기행을 모으면 책 한 권은 될 거야. 예를 들면 빨간 내복만 입고 노래방에서 밤새 노래 부르기도 했어. 그러면서도 일주일에 한 편씩 단막극을 습작해와 피 터지게 스터디하고 말이야. 그때가 그리워지네.

수진, 사막에 홀로 있는 것 같은 고독이 밀려오는 그 느낌 자체가 네가 작가라는 사실이야. 일단 쓰고 고치고 또 쓰고 외로워하고 쓰고 고치고 쓰고 힘들어하고 절망하고 쓰고 고치고... 선생으로서 해줄 말이 이것뿐이어서 미안하지만 정말 이것뿐이다. 그래도 한 가지만 더 말해달라면 순수 문학인이 아니고 대중문화를 하겠다는 극작가들은 통속성을 스스로 가져야지. 영혼의 근육에 힘을 빼라는 말이다.

작가 노릇만 포기하여도 훨씬 여유롭고 행복하게 살 수 있는데 우리가 부여잡고 있는 공감대는 과연 무엇일까. 분명 생산적인 것은 아닌데 그 안에 침잠하고 싶은 그 무엇이겠지. 인간의 감정시스템은 목표를 향해 나아가도록 디자인되어 있다니 우리 스스로를 믿어보자. 그냥 가슴이 흘러가는 대로, 실수하고 시행착오를 겪을지라도 거스르지 않고 그렇게 살아보련다. 낮고 고요한 에너지를 사모하련다.

수진, 뼛속까지 아파온다는 기억, 애써 지우려말고 그냥 같이 가면 안 될까? 이제 그 영혼을 좀 단단히 만들자. 유약한 영혼으로 살기보다 네게 온 아픔들을 그냥 만나주는 거야.

생각나니? 체육대회 때 너희들이 햇볕을 손바닥으로 가리고 있으니까 내가 그랬잖아. "야, 태양과의 키스를 두려워하지 마!"

이제 태양 만나러 나가보렴. 아프면 아프리라! 해버리고 말이야.

8. 하이 탐, 하이 메리

내가 대학 졸업하고 2년간 중학교 교사했던 거 몰랐지? 광주 시내에 있는 남자 중학교에서 근무했는데, 신출내기 처녀 선생은 시행착오만 하고 그만둔, 그래서 늘 미안한 마음을 가지고 살았어.

그 제자들이 인터넷을 검색하여 나를 찾았고, 사은회 자리를 마련한다고 연락을 해왔어. 며칠부터 설레고 염려가 되었지. 제자들은 스물여섯 코스모스 같은 여 선생님만을 기억할 텐데 삶에 찌든 아줌마로 나타나야 하니 말이야. 그런데 만나고 보니 우리는 띠 동갑 차이밖에 안 났던 것이야.

제자들이 많이 모이고 너무 화려한 사은회 자리라서 놀랐어. 오크우드호텔 건너편 '리밍'이라는 중국음식점에서 근사한 저녁식사를 하고 2차로는 룸살롱 같은 큰 방을 또 준비해 놓은 거야.

한 편으로 마음이 싸아한 것이 잘된 제자들만 모인 것 같았어. 선생의 촉이 그랬다. 사시합격자 세 명, 의사 두 명, 사업가 몇 명, 경찰 두 명, 그렇게 스무 명 가까운 제자들이 모였더라구. 날을 잡아 광주에서 서울로 올라온 제자들도 몇 명 있었고. 기억나고 궁금한 제자들 이름을 물어보니 잘 안 풀려 연락이 안 된다는 거야.

부임한 첫 해, 괴로운 기억이 있다. 그 기억이 오늘 만난 제자들에게도 상처고 충격이었음을 다시 깨달은 날이기도 했어. 1학기 말에 급성 맹장 수술을 하였다. 그런데 딸을 과보호한 우리 아버지가 몸에 무리가 되니 2학기 때는 담임을 맡지 않게 해달라고 학교 재단에 말씀을 해버리신 거야. 해서는 안 될 일을 하신 것이지. 유약한 내 탓도 많다. 그 때 1학년 3반 담임이었는데 갑자기 남자 음악선생님으로 바뀐 거야. 2학기 때 아이들 얼굴 보기가 미안해서 수업 외에는 교무실과 도서관에만 있었다.

그다음 해에는 담임을 맡지 않았지만 철없는 선생은 서울이 직장인 남자와 사랑에 빠져 성탄절에 결혼하느라 학년 말을 마무리 안 하고 사표를 낸 거야. 2월까지 유종의 미를 거두는 것이 교사의 도리였는데 말이야. 그런 선생을 제자들이 수소문하여 사은회를 열어준 것이다.

스물셋, 어린 여교사는 우락부락한 남학생들에게 밀려서는 안 된다는 결심을 했었어. 기합도 많이 주고 매도 때리고 과하게 숙제 내주고 그랬는데 요즘 같으면 폭력교사지. 아이들의 미래에 영어 과목이 중요하다고 생각해서 혹독하게 수업한 거야. 사실은 퇴근해 집에 오면 팔이 떨려서 수저를 못 들고 저녁밥을 못 먹은 적도 있어. 남학생들을 회초리로 때리면서 공포 분위기 조성했던 악명 높은 영어 선생님, 상상이 되니?

치과의사가 된 제자 한 명은 부인과 함께 와서 내가 회초리 들고 외우게 하였던 영어 교과서 다이얼로그를 아직도 줄줄 외워 보이는 거야. '하이 탐, 하이 메리~!' 하면서 말이야. 너무 놀라웠다. 모두들 박장대소하였지. 선생인 나는 부끄러워 얼굴이 벌개지고 말았지 .

삶이 무겁다고 생각하며 살다가 이런 날을 맞으니 일순간 모든 것을 보상받은 기분이다. 인생이란 다사다난한 시간들이 쌓여서 이루어지는 여정인가 보다. 날 버리고 가는 세월은 그대로 두지 뭐.

제자가 보내준 사진들 중에 단체사진 한 장을 파일로 보여주고 싶네. 대학을 갓 졸업하고 처음 가르쳤던 순전한 날의 기억들이니까.

맨 왼쪽 제자는 강력계 형사란다. 하나도 안 무시무시하게 생겼는데 말이지. 그 옆 껴안고 있는 남녀는 커플로 영어교과서 다이얼로그를 외웠던 그 제자야. 시골에서 올라와 결혼한 누나 집에서 학교를 다녔는데 눈이 유난히 크고 총명하게 생겼었지. 그 나이차 많이 나는 누나가 어느 날 수줍어하면서 내게 고운 손수건을 선물하셨어. 늦둥이 막내 동생을 끔찍이 위하던 누나셨지.

그 옆, 약간 넙적한 얼굴의 키다리가 인터넷으로 나를 찾아 방송작가협회에 사정사정하여 전화번호를 알아낸 사업가야. 그리고 내 앞에 앉은 제자는 벤처사업가라네. 부잣집 도련님처럼 생겼지. 혼도 많이 나고 그랬는데 지금은 테헤란로에서 전투하는 생활인이라네.

내 어깨에 손을 얹은 미남형은 연매출이 상당한 회사를 운영하고 있다는 김 아무개. 사실 사업은 늘 위험 부담이 있어 좀 걱정되는 것이 소시민으로 살아온 선생의 한계인지 모르겠어. 그 옆은 보험회사(ING) 다니는, 35세에 늦장가 가고 막 신혼여행에서 돌아온 제자야. 그 옆 나란히 세 명, 그러니까 키 작고 안경 낀 사람, 그 옆 안경 낀 사람, 그리고 표정 없이 서 있는 사람까지. 사법연수원 출신으로 판사 대기발령 중이고 10년 준비해서 이제야 연수원생인 제자도 있네.

가운데 단아한 여자분은 같이 첫출발했던 동기 선생님, 친하게 지냈고 지금도 만나는 국어 선생님이지. 미모가 돋보이지? 내가 별로 내키지 않은 잡지 인터뷰 한 적이 있었는데 그 덕에 재회하게 되어 얼마나 다행인지 몰라. 그 잡지를 보고 연락을 주셔서 다시 연결된 경우야. 이 선생님 가족이 오랫동안 폴란드에 나가 있었고 어쩌다 보니 연락처가 끊겨서 안타까웠거든.

예쁜 선생님 옆이 유능한 성형외과 원장인데 아무래도 내가 앞으로 신세를 져야 할 분야인 것 같아. 그 옆은 LG연구원, 그리고 키 큰 남자는 건축사 때려치우고 친구랑 같이 경찰서에 근무하고 있는데 경찰일이 재미있다고 하네. 나더러 경찰서 올 일 있으면 연락하라고 하는데 듣고 보니 좀 이상하다 그지?

지금 많이 행복해. 이런 복을 누릴 자격이 있는지 염치가 없다만 까까머리 중학생, 내 첫 제자들이 선생의 치부를 덮어주고 오히려 사랑으로 보상해주다니! 지금 이 순간, 영국 여왕도 부럽지 않다. 교만한 이 밤이여, 영원하라!

9. 앙앙대기 아님 징징대기지

아직도 실연당할 것 같아 속상하고 막 그러니? 사랑은 없고 사랑을 나누는 순간 열정만이 있을 뿐이라는 말, 넌 가슴 아파서 한 말이겠지만 시의 한 구절 같이 낭만적으로 들리는데 시도 쓰니? 시라는 장르가 난 문학의 장르 가운데 가장 어렵더구나.

여기 강릉이야. 단오제 중이네. 대관령 운무를 보며 강원도의 기운을 느끼고 좋다. 절인 배춧잎처럼 축 쳐져 있을 너에겐 좀 미안하지만 말이야. 사철가도 부를 줄 알고 입시준비하면서 판소리를 배웠다고 했지? 난 별주부전이 그렇게 재미있는지를 조상현 선생 40분

판소리 공연을 보고 오늘 알았어. 이솝우화보다 훨씬 깊고 해학이 있는 우리 이야기들이 많음을 다시 한번 통감!

서울과 강릉을 오가며, 그리고 단오제 행사장 한구석에서 오징어 물회 한 사발 놓고 친구인 이 감독과 이러저러한 이야기들을 많이 나누었어. 자신이 차린 회사에 기획이사로 영입하고 싶다 해서 거절. 난 작가이고 싶지 비즈니스는 적성에 맞지 않아. 잘한 판단일까? 아니면 내 안에 아직도 작가허영의 욕망이 자리하고 있는 것일까? 이제 좀 서로 실속 있게 살자는 말이 내내 뇌리에 남네.

다시 그대 이야기로 넘어가자. 네가 그를 사랑하고 있는 한, 그만두지 않는 한 사랑은 끝나지 않아. 네 안에 그를 향한 사랑이 있는 한은 어떤 방식으로든 그를 붙잡을 수 있다.

연인에게 일찍 항복하고 수많은 총알을 퍼붓고 있다? 앙앙대고 징징대는 여자를 남자는 싫어한다? 약자가 쓸 수 있는 무기가 달리 있나, 앙앙대기 아님 징징대기지 뭐.

'영원한 것은 없다', 근데 진리는 머리로 깨치는 게 아닌 것 같아. 체험의 끝에서 절로 깨치게 되는 순간이 있고, 모든 진리는 그때 얻어진다. 그러니 연애도 끝을 봐야 진리의 언저리에라도 도달할 수 있지 않겠니? 쏟아지는 폭우를 피하지 않았다고 나그네를 탓해야 할까? 들판에선 누구나 속수무책인 것을.

연애지상주의자 네 선생은 사랑이란 기다림의 예술이라고 짝퉁 명언을 남기련다. 그런데 무작정 상대방의 호의를 기대하며 기다리는 건 예술 아니야. 뭐라도 하면서 기다리는 거야. 더 많이 아파하고 징글징글하게 바닥이 보일 때까지 사랑해버려. 그래야 미련 안 남아. 무엇이든 틀에 맞추어 정리하려고 하지 마.

너무 똑똑한 여자 부담스럽다고 그가 그랬다고? 일이든 관계든 확실하게 정리정돈하며 살려 하지 말라고? 따지는 여자는 남자들이 안 좋아한다고?

웃기지 말라 그래. 그럼 희미하고 줏대도 없고 좋은 것이 좋은 것이다 뭐 그렇게 대충 적당히 맞춰주는 척하는 여자가 좋다고? 막상 그런 여자 만나면 금방 싫증나고 매력 없다고 할 걸? 여자 연구, 제대로 하고 널 차도 차라고 해. 후회할 짓 하면 나중은 없다고 협박이라도 해. 분수에 넘친 상대를 깜냥이 안 되니 주저하고 망설인다고 봐 난.

그리고 그 사람에게 시간을 좀 줘봐. 그가 겁쟁이일지 모른다는 생각은 안 했니? 네가 사실 너무 직접적으로 다가가 겁나고 두렵고 뭐 심란하고 그럴지 몰라. 상대가 피할 숨통을 좀 주어봐. 네가 몰아치니 그가 고독할 틈이 없을 것이야. 자극과 반응 사이의 행간, 그것이 신의 한 수일 수 있다고 봐 난. 그렇게만 된다면 의지적 고독 가운데에서 지식이 아닌 지혜를 얻을 것이야. 다시 정리하자. 전략은 그에게 틈을 주는 것이야. 그가 가장 이기적으로 선택할 수 있는 기회를 주는 거야. 현명해지기를 기다리면서.

사랑의 기쁨과 고통, 그 영원한 주제에 우리가 정의할 것은 없어. 감정이입이 되는 순간 모든 창작물은 작가의 것이 아니라 향유자의 것이 되는 것처럼 그 사람의 감정을 지금 네 것으로 하지 마. 그 사람 감정은 그 사람 것이야. 자, 이불 밖으로 나와! 무조건 집밖으로 나와서 버스든 지하철이든 타. 실시!!

10. 빠져 나온 거지?

'어제도 오늘도 내일도 저에게는 아무것도 보이지가 않습니다. 뭐가 얼마나 어떻게 어디서부터 잘못되었는지 모르겠습니다.' 그렇게 시작된 너의 메일에 철렁했다.

지금 네 삶에 빨간 신호등이 켜져 있다는 생각 들고 힘들지? 사기성 다단계인 것 알았으면 되었다. 연간 수익률 1200퍼센트라니 말도 안 된다. 널 그곳으로 이끈 동기와 완전히 끝나고 지금 빠져 나온 것 맞지? 사람이 사람에게 마음을 다친 것보다 더한 아픔은 없지. 그것도 친밀한 사이에서는. 그 와중에도 널 끌어들인 동기가 나쁜 마음을 가지고 그러지 않았다고 믿는다는 말에 남의 탓부터 하지 않는 너여서 다행이다 싶다. 변화의 시작은 거기서부터다. 남 탓하지 않는 것! 지금 다니는 직장보다 훨씬 보수가 좋다는 말에 탐나서 발등을 스스로 찍은 것이니 누구도 원망 않고 어리석었다고 생각한다는 말, 힘들어도 그 편이 낫다. 그럼 된 거다. 대견한 일이다.

밀려오는 배신감, 알면서도 끌어들였다는 사실을 듣게 될까 겁이 난다는 말도 이해한다. 친구를 잃고 싶지 않은 그 마음을 생각하니 애잔하구나. 괜찮아, 죽고 사는 일 아니야. 나침반을 바로 놓아가며 새 길을 찾아보자. 원치 않는 화를 당할 때 그것은 변장된 축복이라는 말도 있잖니. 다시 새 일을 찾아 일하면 된다. 대출금 갚고 돈 모아서 유학을 가는 것이 네 목표라고 했지? 좀 늦어져도 괜찮다. 실수는 은총이라는 말, 난 붙잡고 있다. 직선길이 아니고 곡선으로 돌아가게 되어도 그 굽이굽이에서 보고 듣고 느끼는 것들이 또 다른 자양분으로 우리의 에너지가 되어줄 것을 믿자.

다단계 사기에 대해서 구체적으로 설명을 들은 적 있어. 주류에서 소외된 노인들을 등쳐먹는 비인가 의료기 판매, 사실 우리 가족 중에도 피해자가 있었다. 겉으로는 노인들을 모셔다가 재미있는 프로그램으로 즐겁게 해주고 식사와 간식을 제공하고 귀가 시에는 생활용품 등을 무료로 주는 곳이 있더라. 결코 자선 사업하는 사람들이 아닌데 말이야. 자식들보다 더 살갑고 다정한 말투로 무장하고 은근히 노인들끼리 경쟁을 부추겨서 물건을 파는 사람들이야. 서서히 물건 구매량에 따라 대접이 달라져서 구매하지 않는 사람은 거지 취급이고 구매를 많이 하는 사람은 여왕 취급하면서 신분을 구별하는 곳이라고 해. 하나씩 살 때마다 극진한 대접과 주변 노인들의 부러움을 사고 나중에 다른 물건을 추천할 때 체면 때문에 거절하지 못하게 만들고 말이야.

뭘 어떻게 해야 할지 모르겠고 다시 일을 한다는 것이 겁이 나는 상황에 친구들에게도, 가족들에게도 하지 못한 이야기를 그냥 아무 말 없이 들어주실 것 같은 생각이 들어 메일을 쓰게 되었다 했는데 선생은 이렇게 훈수를 두고 있구나. 미안하다. 넌 크게 호통을 쳐달라고 하지만 네 잘못 아니야. 사람이 사람을 믿는 것이 잘못은 아니지. 인간은 믿음의 대상이 아니라 이해와 사랑의 대상이라는 말이 씁

쓸하구나. 일단, 그 친구와 만나 따지거나 그런 일보다는 잠시 침묵해라. 네가 지금 사리분별이 명확해졌고 다시 그 구렁텅이로 들어가지 않을 것이 맞다면 말이야. 환경 자체를 차단하라는 뜻이다. 변명을 듣거나 설득하려고도 말고 그냥 조용히 침묵!

사실을 바꿀 수 없으면 생각을 바꾸라고 했다. 어렵겠지만 있었던 일로 그냥 생각하면 안 되겠니? 그냥 일어난 일 그 자체로만 생각하는 거야. 속상하겠지만 네게 필요해서 일어났던 일로 말이야. 아주 고약한 꿈같은 거다. 쉽게 말해서 나쁜 꿈꾸었다 쳐버리자. 그리고 다시 시작하는 거야!

무엇을 포기하고 좌절만 하고 있기에는 너무 젊다. 그 젊음이 지금 네게 잔인하게 느껴지겠지만 말이다. 미래는 주저하면서 오고 있다고 하잖아. 그래도 미래는 오고 미래는 네 것이야.

학교 놀러와. 요즘 꽃피어서 예뻐. 같이 식사도 하고 그러자. 기분이 꿀꿀할 때는 맛있는 거 먹는 게 도움 된다.

지독한 경험을 하였으니 이제 단단해질 일만 남았네. 과거는 바꿀 수 없지만, 미래는 바꿀 수 있다. 우주는 1쿼크의 에너지도 낭비하지 않는다는 사실의 세계라 하였다. 지금의 고난이 기회비용이 되어 다른 좋은 일을 불러들이면 우주의 계산은 마이너스가 아니라는 의미란다. 고통 앞에 정면으로 서 있는 그대여, 이미 문제들은 지나가고 있다!

11. 카르페 디엠

잘 도착했다고 선생에게 메일부터 주니 고맙구나. 꿈을 좇지 않으면 꿈은 이루어지지 않는다고 했는데 상담 중에 독일로 유학가고 싶다는 말을 할 때만 해도 이렇게 빨리 독일대학 학생이 될 줄은 몰랐다. 어떠니? 독일 상징이 창조성인데 나뭇잎만 보다가 숲을 보는 기분이라면 최고지. 토론식 수업이 좋다는 너니 독일 교육방식에 금방 적응하겠구나. 내가 수업시간에 강조한 '무엇이 아닌 어떻게'를 끊임없이 찾아가는 작업이 독일식 수업이야. 유학생활로 더 깊어지고 확장될 널 생각하니 기쁘고 기대가 된다.

난 아직 독일에 가보지 못했어. 뮌헨하면 여고시절 읽고 또 읽었던 전혜린의 '그리고 아무 말도 하지 않았다' 에세이집이 생각 나. 전혜린 그녀는 왜 그렇게 절망과 권태를 달고 살았을까? 독일의 잿빛 하늘, 독일의 카페들, 그리고 그녀가 살던 동네에 있다는 영국호수에도 가보고 싶다.

'나의 운명이 고독이라면 그렇다, 그것도 좋다' 전혜린 시 한 구절이야. 천재였던 것 같아. 에세이는 최고였지. 그런데 넌 지금 말고 나중에 읽어. 그녀의 우울 가득한 분위기를 독일에서 체험케 하고 싶지 않다. 한국에서야 그런 감상적인 분위기와 정서를 동경하며 지내는 것이 나쁘지 않겠지만 그곳에서 직접적으로 맞닿는 감정을 수습하지 못할까 봐 슬그머니 걱정이 되어서야.

대신 이미륵이라는 분에 관심을 가져봐. 뮌헨대서 강의하였고, 그의 〈압록강은 흐른다〉 소설은 굉장해. 인생 절정에서 위암 선고를 받아 끝내 조국에 돌아오지 못하고 독일 묘역에 묻히신 분이야. 그분이 한글로 쓴 동판이 있다는 후버거리도 가보고 싶네.

'사랑으로 세상을 보는 사람에게는 가시동산이 장미동산이 되리라.'

어이쿠, 안 되겠다 다시 건전모드로! 한국축구를 이야기할 때, 무작정 똥 볼 차고 뜀박질만 하던 옛 모습이 아니라 이제 축구를 즐길 줄 알게 되어 월드컵 이후 우리 선수들이 한 단계 업그레이드되었다고 하잖니. 하고 싶은 걸 즐기니 더 재미있고, 더 재미있으니 더 열심히 하고, 더 열심히 하니 더 잘하고 결과도 더 좋은 것이지.

손홍민이나 류현진도 그런 선순환 구조의 결과라는 분석이다. 꿈을 실현하는 데 따르는 위험과 꿈을 실현하지 못하는 데서 오는 욕구불만 사이에서 망설이며 세월을 보내느니 너처럼 일단 저지르고 보다 보면 꿈의 실현 앞에 이미 다가와 있음을 네가 증명해주는구나. 장하다.

독일의 겨울이 너무 춥게 느껴진다고? 객지에서 아프면 서럽고 마음이 약해진다. 타이레놀은 좋은 약이다. 좀 으슬으슬하고 컨디션이 안 좋으면 타이레놀이나 아스피린을 먹어라. 유럽인들은 상비약이라기보다 매일 먹는 음식처럼 아스피린을 대한다고 들었다. 잘 먹어야 한다. 식보라는 말도 있잖니. 음식이 보약이라는 말이다. 그렇다고 생수처럼 마신다는 독일맥주만 마셔대지 말고. 독일 수제소시지는 패스트푸드 아니다. 즐겨라. 낯선 것을 거부하는 네가 아닐 테니!

카르페디엠! 한국에서 여러 가지 꽃차를 가져가서 마시고 있다고? 네가 차를 즐기는 사람이라니 반갑다. 한국 녹차도 좋지만 유럽 국화차가 참 좋더라. 그들은 소화제 대신 국화차를 마신다고 해. 슈퍼 가면 저렴하면서도 품질이 좋은 티백 형태의 국화차들이 있을 거야. 프랑스와 스페인에서 내가 많이 마셔보고 임상실험 해보았거든.

특히 소화 안 될 때 아주 좋아.

길은 걸어가다 보면 만들어지는 것이라는 말, 수업시간에 했던 것 같은데 기억하니? 네가 만들어 가는 그 길이 멋지고 환한 길이기를 소망한다. 대로길 만을 지향하지 않고 돌고 돌아 아주 작은 골목길, 샛길도 만나고 굽이굽이 골목길도 만나봐. 그래서 너만의 이야기, 너만의 삶의 부스러기들이 여기저기 박혀서 보석상자 한가득 안고 돌아오는 날, 그립다는 막걸리 사줄게!

12. 기차는 떠나네

별, 수업 마칠 때까지 조금만 기다리지 그렇게 급히 가버리면 어떡하니? 연구실 문 밑으로 밀어 들여놓은 봉투 잘 받았어. 금방 갚지 않아도 된다고, 나중에 취업해서 갚으라니까 기어이 방학 동안에 아르바이트를 많이 했나보구나.

고향 갔다가 서울 올라오는 기차에 무임승차를 처음 해보았는데 역무원에게 들켜서 벌금 10배를 물라는 말에 얼마나 앞이 캄캄했었니? 잘못했다고 빌어서 5배인 6만 원을 물고 왔다는 말에, 잘못했으면 벌을 받아야지 해서 섭섭했니? 분명 잘한 일 아니고, 규칙을 어긴 벌금은 물어야지. 네 잔고에 12만 원이 있는데 그것으로 방학 전까지 밥도 사먹고 학교생활을 해야 한다고 했을 때 당장 김밥이라도 같이 먹고 싶었지만 참았다.

식당일을 하시는 엄마와 언니와 여동생과 네 모녀가 살고 있는데, 아버지 돌아가신 후 엄마에게 돈 달라는 소리를 한 번도 하지 않고 스스로 해결하고 있다니 정말 장하다. 학비도 장학금과 일해서 모은 돈으로 대학생활을 시작하였다고 했지.

별, 부족한 6만 원에 에너지를 빼앗기느니 그 시간에 책 한 페이지라도 더 읽는 것이 생산적인 것 같다고 받지 않으려는 네게 억지로 빌려주면서 졸업 후 일하면 갚으라 했었지. 방학하려면 한 달도 더 남은 시점, 그 돈으로 밥 해결하고 교통비 해결하고 곧 있을 축제도 즐겨야 하는데 융통하는 편이 낫다는 설득, 당해줘서 고마워. 넌 방학 때 일해서 개학하면 갚겠다고 했고 스스로 한 약속을 지켰네.

별, 네가 언제 제일 예뻤는지 아니? 전주영화제 갔다가 같이 먹은 순댓국을 한 수저도 안 남기고, 뚝배기 그릇을 아주 깔끔하게 비울 때였어. 그 모습이 참 예뻐서 꼭 시집갈 때 시댁 어른 될 사람 앞에서 밥씬(밥 먹는 장면)을 만들라고 내가 그랬지. 어른들 밥 잘 먹으면 좋아하잖아.

어릴 때 아버지를 잃고 어렵다면 어려웠을 생활 속에서도 맑고 밝은 네 얼굴, 이마에는 송알송알 땀이 솟고 맛있게 먹고 있는 빵빵한 볼이 예뻐서 양 볼을 한 번 꼬집어보고 싶었단다. 이제야 고백인데 네가 밥 먹는 모습을 보면서 며느리 삼고 싶었어. 그런데 우리 아들은 엄마가 아는 여자하고는 절대로 안 사귄다고 못 박더라고!

'기차는 8시에 떠나네' 노래를 갑자기 듣고 싶네. 조수미 노래도 좋지만 역시 이 곡은 아그네스 발차가 부르는 것을 난 최고로 친다. 아련하고 애잔한 그녀의 목소리는 많은 이야기를 들려주는 것만 같아. 눈이 내리고 저만치 바라보는 연인이 있고... 아, 가시처럼 박힌다! 나치에 저항한 젊은 레지스탕스를 위해 만들어졌다는데 밤에 들으면 잠 못 이루는 곡이야. 왜냐고 묻고 싶니? 나중에 만나면 그때 말해줄게. 신비주의 조장해야 네가 한 번 더 날 만나러 올 거 아니니? 기다리마.

13. 몸 사리지마, 뮤즈!

뮤즈, 공연 초대받아놓고 못 가서 미안해. 꼭 간다는 약속은 안 했지만 그래도 혹시나 하고 기다렸다면 실망했겠구나. 변명 같지만 출퇴근 거리가 왕복 163킬로미터야. 수업이 없는 날은 운전하지 않고 무조건 배터리 충전하듯이 쉬거든. 이해해 주기 바란다.

헉! 보내준 공연장면 영상 보며 탄성을 지르고 싶었다. 그대가 이렇게 멋진 가수였구나. 아름답고 호소력 있는 목소리와 풍부한 제스처에 박수를 보내며 정말 현장에서 보지 못한 아쉬움이 더 크다.

나의 뮤즈, 우리의 뮤즈, 지적이고 따듯한 그대는 실력만이 아니라 성품도 아름다운 아티스트야. 지금처럼 초심을 잃지 않고 힘과 열정으로만 부르는 것이 아니라 향기를 간직한, 그래서 대중들에게 선한 에너지를 주는 뮤지컬 가수가 되기를 소망한다. 맹자가 "사람의 문제는 남의 스승 되기를 좋아하는 데 있다."라고 했는데 내가 이렇게 선생 노릇 한다. 문제다.

참고가 될까 해서 얼마 전 보았던 〈사라 브라이트만〉 공연에 관한 소감을 나누고 싶어. 몇 년 전에 우리나라에 처음 왔을 때도 보았어. 그러니까 두 번째 내한공연일 거야. 첫 내한공연 때는 무대가 아주 환상적이었고 쇼맨십이 대단하고 황홀한 리사이틀로 감동적이었는데, 두 번째 내한공연은 뭐랄까 사라가 좀 몸을 사리는 것 같았어. 무대미술도 거의 컴퓨터그래픽으로 처리하여 형체는 있으나 만질 수 없는 허상 같았어. 아날로그적인 무대가 그리울 정도였다. 표현하지 못할 장면이 없을 정도로 무대미술이 발전했는데 전부 컴퓨터 작업으로 처리하니 입체감이나 질감 같은 것이 느껴지지 않고 가짜 같은 생각이 들던데 내가 쉰 세대여서일까?

사라의 목소리만은 부러웠다. 그 굉장한 고음처리를 2시간 내내 일관되게 할 수 있다는 게 천상의 목소리 아니겠니. 한 외국가수를 보기 위해 이 불경기에도 올림픽 체조경기장의 VIP석은 꽉 찼더군. 나는 뒤에서 보았다. 세계 공연계에서 한국이 봉이라는 말이 생각나 슬그머니 화도 났다.

분명 첫 번째 내한공연에서의 그 굉장한 무대시설은 보이지 않았거든. 그런데도 뭐 무대장비가 100톤이니, 시설비가 30억 원이니 오버해서 홍보한 것 같다. 물론 주관적인 생각이야. 작은 일에 흥분하고 있나 지금 내가? 사라의 예술적인 움직임도 예전보다 훨씬 적고

작았어. 공주병에 걸린 바비 인형을 세워놓은 것 같았다. 열정이 보이지 않았어. 분명 두 공연이 비교가 되더군. 뭐라 이의를 제기해도 내가 직접 체험한 현장 느낌이지. 너무 단순한 공연 구성이었어. 같이 본 사람은 나훈아 쇼가 더 낫겠다 그러는 거야. 그래도 방송국 다닌다고 문화예술 공연을 제법 많이 접한 사람의 소감이야.

뮤즈, 그대는 80살까지, 어떤 경우에도 몸 사리지 마!! 나의 뮤즈, 날자 날자꾸나!

14. 가을에 떠난 손님

실망시켜 죄송하다고? 아니야. 작가 때려치우고 사업가로 살아가는 네게 전혀 섭섭하지 않아. 작가로 살아야 한다는 명제는 아무 쓸모없는 것이지. 글이야 살면서 쓰고 싶을 때 쓰면 되는 것이고 취미일 때가 좋아. 직업으로서의 작가는 불덩어리 하나 머리에 올려놓고 사는 일 같아. 무엇보다 네가 경제적으로 독립해서 가게를 인수하고, 이제 어머니에게 도움도 드리고 있다니 복음이다. 서울에서 돈 많이 벌어 고향에 대안학교 세우고 싶다는 꿈, 꼭 이루기 바랄게.

서울 사람으로 산 지 30년이 넘었는데도, 그리고 어쩌면 평생 서울에서 살 것 같은 환경임에도 늘 돌아갈 곳이 있는 듯 이곳이 객지처럼 느껴질 때가 있어. 성장기를 보낸 고향에서의 추억들은 스쳐가는 바람결처럼 언뜻언뜻 내 가슴 안에서 속살거리기도 하고 때로는 강물을 이루기도 하지. 고향이란 자신의 영원한 소유물이 아닌가 싶다. 어머니의 자식임이 달라지지 않듯이 말이다.

고향과 함께 그리움의 정서를 깊게 하는 분이 계셔. 중학교 때 담임선생님이셨던 분이야. 나를 특별히 사랑하셨고 방과 후에는 선생님 댁으로 불러 영어를 가르쳐주셨다. 일 년 동안이나 개인지도를 받았는데도 말랑말랑한 연시 한 상자를 선물로 드린 기억밖에 없다. 그 분은 영어 선생님이셨는데 가야금을 배우고 테니스를 배우고 우리들에게 흑인영가를 가르쳐 주시는 등 아주 열심히 사는 분이셨어. 내가 중학교 졸업하던 해, 선생님은 혼자서 미국 유학길에 오르셨다. 그때부터 지금까지 선생님과 나 사이에 수많은 편지가 오고 갔다.

선생님은 항상 항공봉함엽서에 빼곡한 글씨로 답장을 주셨고 어느 날 좋은 남자친구를 만나셨다는 고백도 쓰셨다. 그래서 내게는 선생님의 남편이라는 의미의 사부님이라 부르는 분이 생긴 것이지.

그 사부님이 한국을 방문한다는 연락을 받았다. '세계 한상대회'

에 참석하기 위해 오신 것이다. 재외동포들 중 성공한 사업가들을 초청, 고국 나들이의 기회를 제공하고 그간의 노고를 위로하며 산업시찰도 시켜주고 전망 있는 벤처기업들을 소개하며 투자유치를 도모하고자 하는 행사다. 오늘날 중국이 경제적으로 기반을 갖추게 된 것은 위기 때마다 조국에 달러를 모아주는 세계 도처의 화교 사업가들 덕분이라고 들었어. 그처럼 교포사업가들의 역할을 기대하는 정부 차원의 큰 행사지.

사부님의 정확한 귀국 날짜를 알지 못했는데 밤중에 서울이라며 전화를 하셨다. 남편이 당장 찾아가 뵙자고 해서 그날 밤 공식행사 이전에 묵고 계시다는 숙소로 차를 몰았어. 어둡고 칙칙한 장소에 위치한 낡고 지저분한 모텔에 계시지 뭐야. 25년 만에 고국에 오신 분을 이런 곳에 묵게 할 수는 없다고 남편이 우리집에 모시자 했다. 그래도 되겠냐는 사부님에게 아이 방을 내어드렸다. 아파트였지만, 고향집에 온 것처럼 편안하다고 하셨어. 본가와 처가 식구들을 모두 미국으로 불러들였기 때문에 서울에 친지가 없으시다. 우리 선생님과 같이 오지 못한 것이 너무 가슴이 아파 비행기 안에서 울었다고 하셨다.

미국에서 교민들끼리 회식할 기회가 있으면 '고향의 봄'을 부른다며 흥분을 감추지 못하셨어. 선물보따리를 푸시는데 미국의 엠엔엔

알초콜릿 몇 봉, 비타민제 한 병, 그리고 양담배와 양주 한 병이었어. 한국에서도 흔한 비타민정을 무슨 대단한 보약처럼 다루시며 권하는데 남편은 좀 당황한 눈치고, 역시나 특별한 미제 초콜릿이니 먹어보라고 건네주는 사부님을 아이는 의아하게 바라보았다. 70년대에 한국을 떠나신 그분에게는 그때 그 시절 그대로 한국 시간이 정지되어 있었던 것이야.

사부님은 미국에서 엑산이라는 석유 회사의 주유소 체인을 일곱 개나 소유하고 계신다. 한인회 회장 일도 맡고 있으셔. 그런데 너무도 소박한 차림으로 한국에 오셨다. 철 지난 얇은 옷을 입고 오셔서 리셉션도 있는 관계로 쇼핑을 하였다. 제대로 된 양복을 입어본 지가 몇십 년만이라 하셨어. 서부영화에 나오는 카우보이가 착용했음직한 벨트는 이십여 년을 오직 그것 한 가지만 갖고 계셨단다. 새 신발이라고 우기시는 구두는 낡아서 한국 남자 같으면 외출용으로는 신지 않을 신발이었다. 그전에 신던 구두는 수선전문점에서 더 이상 고칠 수 없다 해서 할 수 없이 버렸다고 하셨다.

백화점과 인사동을 구경하면서 사부님은 한국말을 잘하는 외국인 같으셨어. 원화를 자꾸 달러로 말해서 점원들을 갸우뚱하게 하시고, 실내에서 신발 벗는 것을 깜박하기도 하시더구나. 그만큼 25년 동안 치열하게 남의 나라에서 살아내느라 그곳 관습에 익숙해진 것이지.

그러나 인사동 '아빠 어렸을 적에'라는 찻집에 들어가서는 영락없는 초로의 한국 아저씨가 되셨다. 사부님의 유년시절을 생각나게 하는 소품들－조개탄 난로 위의 양은도시락, 이발소의 낡은 의자와 바리캉, 책보자기와 50년대 교과서 등－로 둘러싸인 그곳에서 사부님은 눈물을 글썽이셨어. 그러고는 하시는 말씀이 "우리나라가 이렇게 잘 살 줄 알았으면 나 이민 안 갔어. 스물일곱, 배움도 짧고 돈도 없고 빽도 없는 내가 볼 때 부정부패 투성이에 시원한 아이스께끼 하나 먹고 싶어도 참아야했으니까."

가도 가도 넓은 평야뿐인 버지니아에서 그리운 것 또 하나가 한국의 아기자기한 산들이라고 하셨다. 포장마차에서 어묵꼬치를 하나 무시더니 바로 이 맛이라며 감탄하셨다. 백인 직원들을 수십 명 부리며 코메리칸으로 당당하게 살고 계시는 사부님의 뿌리는 천상 이곳 대한민국인 것이다. 미국에서 동양계 외국인으로 사는 일이 어떤 것인지, 그곳에서 뼈를 묻고 싶지 않은 사부님의 마음이 전달되어 왔다.

광양제철 등 산업시찰을 하시고 우리나라의 발전상에 더욱 놀라셨다. 함께 오지 못한 아내인 우리 선생님에게 내내 미안해하시더니 공식 일정을 마친 후, 며칠만 더 계시다 가시라 붙잡아도 예정보다 이틀이나 앞당겨 미국으로 돌아가셨다. 난 사부님에게 그동안 열심히 사셨으니 즐길 만한 자격이 충분하다고 당돌하게 말했다. 이제 가면 또 언제 오실지 모르는데 한국의 단풍산도 보고, 삼겹살에 소주도 드시고 가야 한다고 말렸다. 혼자서 많은 사업체를 감당하고 있을 아내를 생각하면 구경하고 노는 것이 못내 마음에 걸린다는 말씀에 더는 붙잡지 못했지. 인천공항 출국장으로 들어가기 직전, 밝게 배웅을 받던 사부님이 갑자기 안경을 벗고 눈물을 쏟으시며, '정말 가기 싫다!' 그러시는 것이었다. 함께 울지 않을 수 없었어. 그렇게 떠나신 사부님은 일상으로 돌아가 다시 열심히 일하고 계실 거야. 꿈을 이루는 데 수고와 고통이라는 비용을 필수적으로 지출해야 함을 너무도 잘 알고 계신 분이니.

손님을 떠나보내고 홀가분한 것이 아니라, 며칠 내내 후유증으로 착잡했어. 그러나 감사했다. 모국어로 마음대로 말할 수 있는 제 나라에서 우리 산, 우리 들풀을 보며 지인들과 어울려 사는 일이 얼마나 축복인지 깨달았다. 우리가 처한 현실이 완전하지 못하고 좀 부족하면 어떠니. 남의 나라에서 아무리 돈이 많아도 원초적인 외로움에 홀로 서러움 삼키며 사는 재외동포들을 생각하면 이 땅에서의 호흡과 이 땅의 하늘이 고맙지 않은가.

15. 침묵하지 마

가을을 마감하는 비가 추적추적 내리고 있구나. 이 비 그치면 기온도 하강하고 본격 겨울로 가는 채비를 할 모양이다. 날씨처럼 우리 영혼에도 계절이 있다지만 네가 가슴으로 쓴 글을 읽고 가슴이 먹먹해져 와서 바로 납상을 할 수가 없었다.

엄마를 때리는 그 사람, 아버지라 부를 수 없는 아저씨. 오랫동안 네 가슴에 깊이 박혀 있는 상처들을 어떻게 어루만져 주어야 할지. 유난히 까맣고 깊은 네 눈동자 안에 그런 슬픔과 분노가 있었구나. 뭐라 한마디로 정의하기 어려운 복잡 미묘함의 소용돌이 속에 네가 있구나. 그러나 분명한 것은 지금의 상황이 매우 나쁘고 다른 사람의 도움이 필요하다는 사실이다. 지금의 일, 개인의 문제 아니야. 사회의 문제로 해결할 일이야. 나 때문이라는 자책이 가장 나빠. 자책은 영혼을 갉아먹는 독버섯 같은 것이야.

어느 날, 여고 선배가 갑자기 우리집에 왔다. 병원에서 갈비뼈가 부러졌다는 진단을 받고 3일 입원했다 퇴원해 곧장 오는 길이라고 했다. 남편에게 맞았단다. 국회의원 후보로 나왔던 사람이다. 육체적 폭력을 아내에게 서슴없이 행하면서 밖에 나가면 민주주의를 위해 일하고, 사람 좋다는 말을 듣는 사람이야. 화가 나서 왜 그렇게 사냐고 물었다. 선배는 지속적으로 맞다 보니 판단능력도 없어지고 무기력감만 든다고 했다. 물리적 폭력이 이렇게 정신을 피폐하게 만들고 마는 것이다.

선생의 마음은 엄마보다 네가 더 걱정이다. 네가 엄마와 너무 깊이 긴밀하게 묶여 있어서 엄마의 불행이 곧 너의 불행이고, 네가 엄마와만 평생을 같이하겠다는 그 말이 걸린다. 과연 그것이 엄마를 위하고 너를 위하는 일일까. 아니 엄마와의 관계와 별개로 너를 위한, 네 자신이 주체적으로 사는 삶일까. 그런 생각이 든다. 엄마가 너를 놓아주지 않는 것이 아니라 네가 엄마를 놓아주지 않고 있는 것은 아닐까.

엄마 삶의 방식에 네가 이해하고 보듬어드리려는 마음은 딸로서 당연한 일이야. 그렇다고 네 삶의 모든 의미를 엄마에게만 두어서는 안 된다. 무조건 감내한다고 해서 되는 일 아니야. 그건 결국 엄마가 딸에게 잘한 일이 아닌 게 돼.

지금 엄마의 그 아저씨, 정상 아니다. 어떤 방법으로든 엄마와 네가 그 사람의 그늘에서 벗어나야 둘 다 마음의 건강을 회복할 수 있다고 생각한다. 신고를 하든 상담기관을 통하든 방법을 강구해보자.

삶의 질풍노도는 우리가 만나주어야 하는 숙제 같은 것인데 어찌하겠니. 그러나 이후는 좀 더 구체적으로 대처할 수 있는 힘이 있는 우리가 되어야지 싶다. 물리적인 대처와 함께 정신적인 대처 말이다. 아빠를 잃고 두 모녀가 가장 힘들었을 때 도와준 아저씨, 그렇게만 규정하지 말라고 말해주고 싶다. 너무 의지적으로만 위치해 있어서 폭력 앞에 합리화가 되어서는 안 된다.

엄마는 그 아저씨와 헤어지고 주체적인 삶을 사셔야 한다. 그 길이 최선이라고 생각해. 네가 설득 드리고, 우리가 할 바를 용기 내서 찾아보자. 도와줄게. 가정폭력 전문상담기관에서 일하는 친구가 있다. 지금 엄마와 넌, 자신들의 문제 속에 너무 깊이 매몰되어 있어 상황 판단과 결정을 객관적으로 할 수 없는 지경이라고 봐. 그래서 전문가의 도움을 받아야 해.

누구도 함부로 할 수 없는 너로 살기를 바라는 마음이다. 세상이 감히 어찌할 수 없는 너로 살기를 바라는 선생의 마음이다. 가슴속의 울음을 멈추고 내 안의 소리를 들어보자. 지금 뭐하고 싶니? 지금 가장 하고 싶은 일이 무엇이니?

힘내자. 지나고 나면 헛헛하게 웃으며 그랬었지, 그렇게 생각 드는 순간 올 거야. 가족이란 끈끈하게 애증으로 갈고닦이는 관계이지. 뼛속 깊이 체험해버린 넌 인간에 대한 이해도, 글에 대한 이해도 차원이 다른 성숙한 인간, 성숙한 작가가 될 것이야. 참나는 내가 스스로 나의 자궁을 통해서 나를 내가 낳아야 한다는 말, 떠오르는 지금이다.

16. 댄스 댄스 댄스

와우 – 대단하네! 락킹댄스라는 것이 아주 역동적인 춤이구나. 그대가 춤추는 영상을 SNS에 꾸준히 올리는 것을 보니 정말 춤을 좋아하고 춤과 함께 사는 춤꾼이구나. 나도 춤꾼인거 아니? 춤추는 것 좋아하면 다 춤꾼 아닌가? ^^

한번은 개인적으로 특강강사, 댄스테라피스트, 혹은 표현예술심리치료사라고도 하는 춤선생을 모시고 특별한 수업을 한 적이 있어. 춤선생 휜바람님은 한국무용을 전공하고 시립무용단에 있다가 좀 더 자유로운 춤을 추고 싶어서 영국으로 건너가 치유댄스를 공부하고 오신 분이야. 나의 춤선생인 셈이지. 이 선생님, 강의실 바닥에 깔아야 하는 매트부터 음향장비까지 차에 가득 싣고 오셔서 4시간을 열정적으로 수업해 주셨어.

우리 학생들에게 유쾌한 춤수다 시간을 선물하고 싶었어. 즐거운 춤테라피 시간 말이야. 자신이 확장되는 경험을 머리가 아닌 온몸으로 느껴보는 시간이었을 것이야. 몸은 거짓말을 하지 않는다고 하잖아. 몸의 움직임을 통해서 느낌과 욕구를 표현하고 나에게 필요한 것을 선택할 힘, 그것을 조절하는 능력이 생긴다고 해.

자신의 몸을 알아차려 보고, 자신의 몸 상태를 발견해보고, 자신의 몸과 대화해주고, 자신의 의지대로 표현해보고, 지금 뭐하고 싶은가 깨어나 보고 하는 움직임이었지.

기존 무용처럼 동작을 배워서 따라하는 그런 차원의 춤이 아니라 자신의 의식과 무의식을 교차해가며 자신의 의지대로 표현하는 경험이라 할 수 있지. 학생들이 처음에는 어색해하고 집중하지 않더니 시간이 흐를수록 춤선생 안내로 깊이 들어가 춤 속에서 자신을 만나더군. 나도 학생들하고 똑같이 4시간을 춤과 만났다. 내 몸 중 가장 아픈 곳에 손을 대라 하는 안내에는 나도 모르게 가슴에 손이 갔어. 아직도 가슴이 아픈가 보다. 머리보다 몸이 먼저인 것을 알아차리겠더라.

라틴댄스 중 망고를 배우는 시간도 있었어. 신나는 음악에 맞추어 한 남학생과 몰아의 경지에서 춤을 추니 다른 학생들이 일순 춤추기를 멈추고 우리 커플의 댄스를 구경만 하였지. 푹 퍼진 중년의 여인과 싱싱한 날생선 같은 젊은 남자와의 춤도 아름다울 수 있었던 것은 진정 춤 속에서 만나며 영혼의 교류가 오가는 기적을 경험한 것이 아닐까.

언젠가 그대와도 춤 속에서 만나고 싶다. 셸 위 댄스?

17. 데꼴로레스!

선, 괜찮아. 쩨쩨한 하나님 아니야. 네가 좀 방황한다고 해서 벌주시는 하나님 아니야. 지난 번 말한 엔도 슈사쿠의 『침묵』을 읽었다니 좋다. 난 그 절제된 문장들의 묘사를 보면서 엔도가 자신은 대설가가 아니라 소설가이기에 작은 이야기밖에 할 수 없다는 말에 동의하지 못하겠어. 지나친 겸손이라는 생각이 들었으니까.

영화 〈밀양〉의 하나님과 비교해보니 어때? 내 생각은 그래. 『침묵』에는 그럼에도 불구하고...까지는 나오지 않아. 영화 〈밀양〉은 그럼에도 불구하고...까지 이야기한다고 생각했어. 하나님만을 위한 하나님이신지, 인간을 위한 하나님이신지 그 절대신 앞에 피조물인 우리가 행할 바가 무엇인지 침묵을 넘어 시사하는 바가 있을 것이야.

『침묵』에서 인간은 태어날 때부터 두 종류가 있다고 하였지. 강한 자와 약한 자, 성자와 평범한 인간, 영웅과 용렬한 자. 약자는 기치지로처럼 산속을 방황하고 있다며 '너는 어느 쪽 인간이냐?' 그렇게 묻는 대목이 생각나는데 난 자신 있게 말할 수 있어. 나는 약한 자이고 평범한 자이고 용렬한 자라고 말이야. 그래서 방황할 수 있는 명분도, 자격도 또한 있는 거 아니겠니.

이 밤에 생각나는 책이 있어서 책장을 뒤졌는데, 다행히 없어지지 않고 꽂혀 있는 낡은 책이 있구나. 바실레아 슈링크의 『새인간』. 오랜만에 들춰보니 첫 페이지에 이렇게 적혀 있네. '값싼 장정, 빛바랜 책갈피, 딱딱한 문체. 그러나 진정 상한 영을 치료하는 영혼의 약국인 것을...' 선물 받았던 책이야. 주제어로 나누고 장마다 영적으로 풀어쓴 책인데 『침묵』의 문체 비슷해서 좀 건조하긴 해. 그래도 비교적 번역이 매끄러워 낯선 글쓰기로 보이지 않아. 『침묵』은 번역 투의 느낌이 조금 나지 않았니? 그래도 『침묵』은 내 인생 최고의 책이야.

『침묵』이 훨씬 깊고 소설적인 구조를 갖추었지. 『새인간』은 소설이 아니라 그냥 흔한 신앙서적이야.

'인색'이라는 소주제 글을 다시 읽어보았다. 우리가 내어주기 난처할 경우에 인색함은 그 참모습을 드러낸다고 쓰여 있네. 우리가 특히 무엇에 애착을 두고 있는지에 따라 여러 영역에서 그 현상이 나타난다 했어. 이 주제의 결론은 탐욕에서 해방되는데 도움이 되는 것은 자신을 내어주는 것이다!

연애 좀 해본 작가가 그랬어. '나를 다 내어주었더니 그가 오더라!' 그런데 신기한 것은 다 내어주고 끝나면 다시는 연애 못 할 것 같은데 그 다 내어준, 그래서 소진되어 꼼짝을 못 할 것 같은 사람이 여전히 밝고 사랑스러운 모습으로 또 새로운 사랑에 혼신을 다한다는 것이지. 속된 말로 사람에 꽂히면 대책이 없다는데 대책이 어디선가 용솟음치는, 그래 노희경 작가는 이 불가사의에서 자신이 얼마나 방어적으로 살아왔고 그 끝에 얻은 것은 아무도 없이 나이를 먹었다고 쓴 글을 읽은 적이 있어. 부분적으로 나의 연애사와 비슷하지. 그렇지만 난 네가 좋아하는 노작가처럼 처연하도록 진실하게 고백할 자신은 없구나.

다시 마음 이야기로 돌아와서, 아니 결국 〈밀양〉이든 『침묵』이든,

그리고 지금 네게 빌려주고 싶은 『새인간』이든 우리가 무엇이 되기 위해, 또는 어떤 결과를 얻기 위해 바꾸어야겠다고 마음먹고 억지로 바꾸려 하면 그만큼 잃는 것도 있다는 것이다. 그래 내가 내린 결론은 바꾸려 말고 이런 내가 좋다 그렇게 지내다 보면 바뀔 것이라는 거지.

『침묵』에서의 하나님 음성과 〈밀양〉에서의 하나님 음성과 원론적인 『새인간』에서의 하나님의 음성이 서로 다르게 와 닿을 수 있어. 그런데 '데꼴로레스'라고 세상사가 다양한 상황에서 다양한 반응으로 다를 수 있는데 왜 하나님의 음성은 꼭 하나로 모아져야 하는지, 꼭 그래야만 진리는 아닐 것이라는 생각이 드는구나. 하나님의 프로젝트도, 하나님의 실천도, 하나님의 사랑법도 다양한 색깔처럼 다를 수 있다는 것이지. 이 말이 스페인어로 De colores야. 그 하나님의 서클에 우리가 있기만 하면 되는 것이지. 손가락 가는 대로 찍어본 개똥철학이다.

그냥 판단하지 않고 이런 나를 알아차려 보고 그럼에도 불구하고 또 몇 자 일기 쓰는 마음으로 정리하는 나를 본다. 나부터 나를 판단하지 않고 있는 그대로 보아주기로 한다. 길을 안다고 하는 것과 그 길을 직접 내 발로 걷는 것의 차이를 아는 일은 다를 것이야. 나의 두 다리는 진흙탕에 있을지라도 가슴에서는 꽃향이 피어나게 하리라.

아, 그러면서도 부르짖고 싶다.

"하나님은 고통의 순간에 어디 계시는가?"

18. 밥은 먹고 다니냐?

김 감독, 그대가 쓰고 연출한 연극 〈가족사진〉을 관람하고 오는 길에 받은 선물 앞에 만감이 교차한다는 표현밖에 못 하겠다. 각기 다른 네 책 3권에 각각 적은 사인 글,

'선생님이 없었다면, 이 책은 세상에 없을 겁니다.'

진정 내가 이런 엄청난 찬사를 받을 자격이 있을까, 그저 한때의 과거형 선생일 뿐인데.

대학로에서 꿋꿋이 잘 버티고 있는 것만도 장한데 말이다. 한국 희곡 명작선 시리즈로 네 작품이 책으로 나온 것을 보니 내가 사람 하나 잘 보았다는 생각이 든다. 넌 다 필요 없고 연극만 하면 좋겠다는 그런 사람이었으니까. 무에서 유를 창조한다는 일에 매력을 느껴 희곡작가라는 직업에 관심이 생겼다고 했지? 스펀지처럼 내가 하는 말을 다 빨아들여 버릴까 봐 걱정이 된다고 했던 내 말을 기억하더구나. 극작이라는 것에 정석은 존재하지만 정석이 무조건 답이 될 수 없다는 말에도 여전히 동의하니?

〈치고박고〉였지? 졸업을 앞두고 방송창작예술작품 공모에 당선되어 처음으로 대학로 소극장에서 올린 작품! 내가 기립박수 쳐준 것을 아직도 잊지 못한다고 했는데 당연했다. 수업시간에 동기와 후배들 앞에서 지적당하고, 호되게 야단맞았던 작품이잖아. 그것도 모자라 자존심 상하게 대사 하나하나 꼬집어서 못마땅한 부분들을 메일로 보냈을 때도 넌 오직 작품의 완성도를 위해서라면 다 감수했지 않니. 근성이라는 말, 네게 쓰고 싶었다. 끝까지 가보겠다는 너의 각오를 믿고 지지한다. 순수한 열정만으로 뭉친 연극인들이 있는 한, 대학로의 빛은 꺼지지 않을 것이야. 어떤 글에서 보았는데 예술이 과학보다 흥미를 끄는 이유는 예술은 오해하는 자유와 오해받는 자유가 있기 때문이라고 하더구나. 네가 그 오해의 자유를 마음껏 발산해 주기 바란다.

김 감독, 그땐 별로 살가운 제자는 아니었지. 뚝심이 있어 보였다. 그런데 그거 알아? 내게도 가장 잊지 못할 수업 중 하나가 그대랑 함께했던 〈희곡의 실제〉 과목이야. 알다시피 난 희곡작가 출신이 아니잖아. 사실은 부담감과 자격지심으로 힘들어하면서 했어. 대안으로 꾀를 낸 것이 교수 혼자 진행하는 수업이 아니라 수강생 모두가 참여하는 방법을 강구한 거야. 가르치기보다 가리키는 편을 택한 것이지. 그대는 답을 가르쳐주지 않고 길을 가르쳐준 덕분이라고 했는데, 그것은 자네 몫을 너끈히 감당해 나갔기 때문에 스스로 얻은 수확인 거야. 내가 수업 마지막 날, 모두 다 F학점을 주어서 졸업시키고 싶지 않다고 했지? 정말 그대들과의 수업이 최고로 좋았기 때문이야. 신춘문예 희곡 당선작 시리즈 연속공연을 문예회관극장에서 10시간 가까이 보지 않았니? 자정이 다된 시간에 우리 집 몰려가서 또 밤새내 공연관람 후 감상을 나누고 말이야. 그러고 보니 젊은 그대들과 처음부터 끝까지 같이 행동했던 내가 그때만 해도 체력이 좋았나 보다. 시골 극장집 딸로 태어난 유전자 덕분인지 어릴 때부터 기회만 있으면 혼자서라도 공연장 쫓아다니고 뭐라도 보려고 했지.

지금은 열정과 패기가 많이 사라져서 자네 후배들하고는 순하게 수업해. 그땐 누가 뭐래도 '난 선생이고, 너희들은 내 학생이다'는, 그래서 내 수업의 소통방식은 내가 결정한다. 뭐 그런 당당함이 있었는데 자꾸 타협하게 되고, 소신껏 하는 일에 브레이크가 걸리면 의기소침해지고 그런 선생이 되고 말았어. 좀 슬프지? 너무 슬퍼하지 마. 오늘 다시 고무되어 고약한 선생으로 살아야겠다는 신념을 놓지 않으려고 해.

김 감독, 묻고 싶었지만 참았다.

"밥은 먹고 다니냐?"

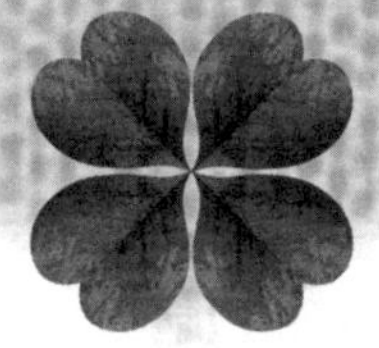

묶음 넷,

이만 총총

1

정말 궁금해요. 햇볕 잘 들고 영남 알프스로 둘러싸여 언제든 멋진 산에 오를 수 있는 곳, 출퇴근길인 읍성에는 너른 들판이 펼쳐져 있는 아름다운 곳이라니 어떻게 궁금하지 않을 수 있겠어요?

알라딘님이 알라딘 마을을 사랑하듯, 나도 살고 있는 지역을 행복동네라 생각할래요. 제주와 위례신도시, 두 집을 왔다갔다 하며 생활하고 있어요. 좋은 팔자라고요? 맞아요 좋은 팔자!

알라딘님, 다른 관계망은 하지 않고 오직 쪽지로만 소통하기로 한 것은 잘한 일이에요. 모든 것은 사라지므로 쪽지 또한 사라진다는 사실이 마음 편하게 다가옴에 공감해요. 얼굴도 몰라요 성도 몰라♪~

생각과 마음만을 나누는 이 사이버공간에서 나 자유 얻었네! 누군지, 뭐하는 분인지 모르니 아무말 잔치를 할 수 있지요.

내가 이익 보는 일이네요. 알라딘님은 블로그 운영자로 꾸준히 좋은 글을 포스팅하는데 전 블로거가 아니니까요. 알라딘님 블로그의 최고매력이 뭔 줄 아세요? 첫째는 알라딘 마을의 아름다움을 충분히 느끼게 해주네요. 풀꽃들 천지인 마을 사진과 따듯한 글, 전 이미 무리지어 피어있는 꽃들과 환상 속에 머물고 있는걸요.

두 번째도 궁금하시죠? 가족 이야기를 많이 쓰는 점이요. 본인 얼굴도, 가족사진도 올리지 않지만 가족을 사랑하는 알라딘님임을 물씬 풍기니까요. 가정이 지상의 천국은 아니어도 연옥쯤은 되어야 하지 않겠어요? 안의 해님도 잘 모시세요. 아내는 안의 해가 어원이랍니당~ ^^

우연히 기적수업이라는 단어에 대해 물은 것이 인연이 되었으니 기적은 어디서든 일어나는 일인가 봅니다. 내가 기독교인이라니 안내하기가 조심스럽다고 했는데 그럴 필요 없어요. 주일학교 때부터 의심하지 말고 무조건 믿으라는 세뇌 속에 있었죠. 이제 좀 제대로 알고 제대로 믿고 싶어요. 그러니까 너무 걱정하지 않아도 된다는! 질문이 있어야 발전하는 것 아니겠어요?

어이쿠, 이 쪽지 기능이라는 게 계속 글자 수를 알려주네요. 집중

하는데 방해가 되어 불만이지만 제한된 1000자 이내로 해볼게요. 아마 지켜지지 않겠지만요 하하하, 이만 총총.

2

블로그에 자주 찾아와 주셔서 감사하다는 인사는 내가 드려야지요. 필요한 정보를 얻을 이기심으로 앞으로도 자주 들락날락할 예정이니까요.

기적수업은 이해하는 것이 중요한 게 아니라 실천하는 것이 중요하다니 엄두가 나지 않네요. 실천이라는 것은 무엇이든 쉽지 않으니까요. 천성이 게으른 난 신의 자비에만 의지하고 있거든요. 그분이 절 좀 많이 봐주고 계셔서요.

초보 제주살이 중이에요. 아직 누구를 사귀지 못해서 약속할 일도 없고, 점심은 혼밥. 주말이면 안 되었는지 옆지기가 바닷가로 데리고 가줍니다. 차에서 바다가 보이면 난 그때마다 흥분해서 '야, 바다다~!' 그러거든요. 그럴 때마다 '제주도는 어디든 끝까지 가면 다 바다야' 하면서 멋대가리 없이 대꾸하는 사람 한 명 있어요.

사실은 너무 걸어 발병 나서 한의원에 다니고 있어요. 지극정성으로 치료해주는 원장님을 만났어요. 그런데 진료비가 5,600원, 미안할 지경이에요. 침만 놓는 것이 아니라 전기치료에 테이핑까지 해주세요. 한 번 가면 2시간 정도 호강하고 와요. 덕분에 발목통증이 많이 가셨어요. 그 원장님, 추자도 사랑이 대단하세요. 알고 보니 추자도에서 공중보건의 하다 제주 여성 만나 제주도에 눌러앉은 거예요. 추자도 보건소에 한 명의 공중 보건의와 한 명의 간호사, 내내 같이 근무했는데 어떻게 되었겠어요? 부부가 되었죠. 남녀 간의 일은 모르는 일이 아니라 아는 일 아니겠어요?

소개하신 책 『우주가 사라지다』를 조금 읽어보았어요. 판타지 소설처럼 느껴지네요. 기적수업의 왕초보용이라는데도 너무 두꺼워서 끝까지 읽을 것 같지 않아요. 실망하시겠다.

가족의 죽음으로 힘들어서 뭐라도 하고 싶었고, 내면의 근력을 키우고 싶었어요. 내 삶의 균열과 구멍이 두려웠어요. 인터넷을 뒤지다가 기적수업이라는 단어를 접하게 되었죠. 아직은 제게 낯선 용어예요. 기적과 수업의 조화가 말이지요.

알라딘님은 자신을 과대평가 말아달라고, 그냥 기적수업을 공부하는 학생일 뿐이라 했지만 평온한 순간이 많은 분 같아 배우고 싶어서예요. 도움이 필요합니다. 그런데 기적수업이라는 것이 관점을 전환하는 수업이라고 하니 어쩌면 변화가 겁나는 중인지도 모르겠습니다.

이만 총총.

3

보통 제주에 있다 하면 알라딘님이 생각하는 것처럼 공기 좋고 아름다운 곳에서 즐거운 시간 보내고 있다고 생각해요. 대충 그럴지도 모르지요. 부러워하세요. 부러우면 지는 거라니까요.

꿈에서 악몽을 꿀 때가 있다고 했죠? 살면서 힘든 일도 꿈에서 꾸는 악몽과 같죠. 그런데 꿈에서 깼는데 또 꿈이면 어떡하죠? 어쩌면 이 지구별이 꿈속인지도 모르잖아요. 꿈에서 울었는데 눈물 흘린 경험 있으세요? 전 있어요. 깨어보니 이불이 다 젖어 있었어요. 우리 아버지 돌아가시고 나서 그랬어요. 너무 힘이 들어 미국에 잠시 머물다

왔어요. 광야를 피해 갔더니 만만치 않은 광야가 또 기다리고 있더라고요. 뭐 이제 괜찮아요. 인간은 믿음의 대상이 아니라는 교훈을 확실히 얻고 왔으니까요.

기적수업을 영어 원문으로 보기를 추천한다고요? 내겐 불가능한 주문이세요. 알라딘님이 랭보의 시를 좋아해서 불어로 읽으니 감동이 컸던 경험을 올리셨던데 불어는 듣기만 해도 충분히 아름다운 언어지요. 그나저나 불어 실력이 대단하신가 봐요. 한번은 스페인 국경 근처 세인트세바스찬에서 떼제베 타고 혼자 파리로 가는데, 기차 안에서 불란서 남자 둘이 프랑스어로 수다를 떠는 겁니다. 몽실몽실 피어오르는 그 언어가 얼마나 근사하고 매력적으로 들리는지 따라갈 뻔했다니까요.

기적수업 책이 셰익스피어의 약강 5보격 운율을 따라 서술된 장대한 서사시라 해도 나는 그것을 느껴 볼 수가 없을걸요. 대학 때 음성학을 들었는데 F학점이 나왔어요. 이의신청을 하려니 교환교수였는데 미국으로 날라버린 겁니다. 재수강하느라 진땀났어요. 다시 악몽이 시작되려고 하네요.

공룡발자국 사진을 올리셨네요. 정말 반구대 암각화에 그런 흔적이 있다니 놀라워요. 동영상을 클릭해보니 암각화보다 그 주변 경치가 참 아름답네요. 해가 기울어지며 빛는 빛에 따라 조금씩 변하는 풍경, 단풍나무로 둘러쳐진 그곳을 돛단배 타고 한번 유람하고 싶어요.

제주는 아름다운 자연만이 아니라 사람들 간에도 끈끈한 연대의 아름다움이 있네요. 예를 들면 지역신문에 이런 광고가 실려요. '축 취득·임용, 강＊＊, 그간의 노력에 박수를 보내며 계속 정진하여 큰 재목이 되기를 기원한다. 아빠 형제 일동'

중앙지에서는 보기 드문 광고에 훈훈함이 팍팍 샘솟지 않나요? 저도 광고 하나 실을까 봐요. '축 선정 파워 블로그, 알라딘, 그간의 노고에 박수를 보내며 계속 정진하여 방문자들에게 좋은 영향을 많이 주기 바람. 블로그 광팬 일동'

이만 총총.

4

알라딘 마을의 가을 하늘 사진을 보니 눈이 시원해져요. 시시각각 변하는 구름 사진들이 솜사탕 같기도 하고 양털 같기도 하네요. 붉은 노을 사진도 참 멋져요. 산마루에 걸린 태양의 붉은 옷과 달리 여기 제주의 노을은 수평선에 머물다 어느새 바다에 풍덩 빠지죠. 가끔 노을을 보기 위해 애월바다에 나가요. 매일 하늘빛이 다르고 노을빛이 달라요. 물론 날마다 바다 빛깔도 다르지요. 바다도 가을 타나 봐요. 철지난 바닷가는 파도 소리도 쓸쓸한 울림이 있어요.

제주도가 육지보다 따듯하다고 하는데 옷차림은 별 차이가 없어요. 바람이 있어서예요. 솔솔바람이 불 때도 있지만 심하게 불 때는 저같이 거대한 몸뚱이도 날아갈 것 같아요. 그리고 바람은 곧 비를 동반하겠다는 예고로 느껴졌어요. 태풍은 폭우를 몰고 와요. 그냥 얼치기 제주살이의 얕은 경험인 게지요. 바람 불어 안 좋은 날이 제주의 바람이에요. 그런데도 제주 바람은 묘해요. 투박하면서도 훈훈한 느낌을 주어요. 우리가 자연 앞에 겸손해야 함을 바람이 말해주고 있는 듯해요.

제 질문에 늘 성실하고 자세한 답글 주셔서 고맙습니다. 꾸벅! 알라딘님이 아이들 키우고 먹고 사느라 바쁘다 보니 오히려 영적인 문제에 더 마음 쓰게 된다는 그 자체가 감동이네요. 역설의 아름다움 같은 것이라고나 할까요. 생활과 수련은 분리될 수 없는 것 아닌가요? 삶 따로 수련 따로, 그런 건 위선이라는 생각 들어요. 어차피 우리네 삶이 평생수련 아닐까요? 정진!

몇 번 언급하신 '실재는 위협받을 수 없고, 비실재는 존재하지 않는다. 여기에 평화가 있다.' 이 말은 아직 이해가 안 되어요. 이단인지 삼단인지는 나인가 봐요. 물색없고 통찰능력도 없으니까요.

기적수업 관련 카페 몇 군데를 둘러보았는데, 방대한 자료에 막막해요. 정보의 홍수라는 말이 실감났고, 요즘 표현으로 투머치예요. 그래도 기적수업은 기적으로 가는 절대적인 코스가 아니라 하나의 코스일 뿐이라는 말이 편안하게 와 닿네요. 많은 길 중 하나일 뿐이니 공부해 보고 자신과 맞지 않는 길이다 싶으면 다른 길로 가면 된다고 했는데 다른 길로 가도 간만큼 얻는 일이라 생각할래요. 버릴 경험은 없으니까요.

알라딘님은 글쓰기가 서툴러 블로그를 시작했다고요? 지나친 겸손은 교만이라는 말, 이럴 때 쓰는 말 아니겠어요? 블로그 글들이 저와는 잘 맞아요. 알라딘님이 포스팅한 자료들과 글에서 많은 정보와 안식을 얻어요. 내겐 참 고마운 블로그이고 블로거세요. 복 받으실 겁니당~

이만 총총.

5

제주의 가을은 억새에서 시작해서 억새로 마치는 분위기예요. 이 역시 얼치기 제주살이의 생각입니다. 곳곳에 억새들의 하얀 물결이 넘실대지요. 햇볕에 반사되어 반짝거리는 억새들을 보면 예쁘다는 말보다 아름답다고 말하고 싶어요. 억새 명소 말고도 대로변에 군데군데 억새들이 보여요. 그냥 제주의 가을은 억새천국이다 이렇게 정리할게요.

억새가 장관으로 펼쳐진 장면을 사진으로 못 보여드리니 글로 보여드릴게요. 거문오름에 올랐어요. 유네스코가 지정한 세계자연유산으로 평소에는 제한구역이 있어요. 일 년에 한 번 '국제트레킹대회'라고 통제된 지역을 이때만큼은 개방을 해서 해설사와 함께 걷는 행사가 있더라고요. 8월에 경험했는데 이번에 다시 거문오름에 다녀왔어요. 손님들과 함께요. 제주에 살다보면 육지손님이 종종 와요. 잘 안 다니는 비경을 안내하고, 여행객이 잘 모르는 맛집을 소개하고 뭐 그런 일에 어느덧 익숙해지고 있어요. 그래서 전 같은 장소를 여러 번 가야 하지만 오는 사람은 처음이니까요. 이 정도면 제주 여행 안내원 자격 되지 않나요? 처음 보듯이, 두 번 다시 못 볼 듯이!

백문이 불여일견이라는 말, 하나도 틀리지 않아요. 본격 제주살이 전에는 오름을 몰랐어요. 용눈이오름에 처음 올라 제주의 사방을 보는데 눈물이 핑 돌았어요. 벅차오르는 감정과 함께 이 천혜의 섬 가운데에 서 있음이 감사했어요. 제주에 오름이 368개나 있답니다. 화산폭발 때 만들어진 기생화산들인데 그 특별함은 와서 직접 보셔야 해요. 보는 것이 믿는 것이라는 말도 있잖아요.

거문오름 걷는 숲길은 육지의 그것과 확연히 달라요. 화산의 분화구, 용암동굴, 용암의 거품덩이가 공중에서 굳어져 땅에 떨어진 화산탄, 제주민 삶의 애환을 엿볼 수 있는 숯가마터, 그리고 일본갱도진지 등등 말이에요. 습지에만 자라는 나무들이 엉켜서 독특한 아름다움을 드러내고 새소리 들으며 다양한 식물들 사이를 거닐면 피톤치드 삼림욕이 이런 거구나 하고 절로 느껴져요. 일반 산과 달리 오름 걷는 일은 힘들지 않아요. 대부분 부드러운 곡선으로 이루어져 있거든요. 가파르지 않다는 뜻이에요.

정상에 올라 청쾌한 호흡을 하고 내려오는 길에 만난 억새밭에서 '아!' 하고 감탄사 밖에 나오지 않았어요. 표현할 말이 생각나지 않더라고요. 흰꽃들의 정원이라고 말하기엔 뭔가 미흡하고, 백색의 향연이라 하기에도 2프로 부족하고요. 돋보이는 억새들의 춤사위 그 행간에 흐르는 바람의 향기를 도대체 무엇이라 해야 하나요? 동행한 손님들은 그저 '와~ 너무 좋다!' 그러더라고요.

제주는 사계절이 다 좋아요. 당연히 제주의 가을도 특별하지요. 황량하고 쓸쓸한 가을이 아니라 청아하면서 적당히 스산하다고나 할까요? 해설 불가.

이만 총총.

6

기적수업은 여전히 알라딘님과 소통의 도구네요. 기적수업의 기적은 세상을 달리 보는 방법을 알려준다고 했나요? 누군가 죽고, 누군가 아프고, 힘든 일이 생길 때 슬퍼하고 아파하고 괴로워하지요. 그 감정에 너무 깊이 빠져 평화를 잃다가도, 다시 평정심으로 돌아올 수 있는 기적 같은 일이 내게도 일어날까요?

블로그에 올려놓은 '아침에 일어나는 너의 눈 위로 반짝이며 하루를 맞이할 기쁨을 준다'는 정말 기적같이 아름다운 문장이네요. 노래 가사처럼 흥얼거려 봅니다. 알라딘님의 선하고 강한 에너지를 닮고 싶어요. 기적수업의 기적은 여전히 궁금하구요. 어느 쪽이든 저의 확신이 참으로 굳건한 근거를 갖게 되어 바로 씩씩하게 서 있고 싶어요.

그런데 김새는 이야기 드려도 될까요? 너무 힘이 들어 절실하게 찾아 헤매다 알라딘님 블로그를 발견한 초기보다 살만하니 슬슬 기적수업 관심에서 멀어지고 있어요. 솔직해서 미안합니다.

여기 제주도는 겨울이라는 계절도 반짝여요. 위쪽 지방 같은 뼛속을 파고드는 날카로운 추위는 없어요. 사계절 중 제주도 사는 실감을 겨울에 많이 하게 되네요. 다음에 여기를 떠나도 겨울에는 제주도에서 살고 싶어요.

알라딘님은 어떤 꽃을 제일 좋아하세요? 식물에 관심이 많고 꽃이름을 많이 알고 있더군요. '한국식물생태보감'을 다 외우셨나 했어요. 보통 제주의 겨울꽃으로 동백을 많이 떠올리는데 저는 수선화라고 말하고 싶어요. 봄을 일찍 알리는 전령사라 하는데 여기는 1월에도 수선화가 보여요.

금잔옥대 수선화에 반했어요. 추사 김정희가 유배 시절 좋아했다는 제주 수선화 중 하나랍니다. 꽃의 모양이 마치 옥으로 만든 받침대에 금잔이 놓여있는 것처럼 보인다 해서 금잔옥대라 한대요.

한림공원 수선화축제에 다녀왔어요. 서울의 어린이대공원처럼 동물원도 있고 조금 오래된 분위기의 공원이에요. 여러 종의 동물들을 스트레스 받지 않게 야외에서 키우는 모습이 인상적이었어요. 철학 있는 사람이 운영하는 곳이라는 생각이 들었어요. 수십 년은 모았을 것 같은 분재들도 굉장했어요. 그 가운데 특별히 조성해놓은 금잔옥대 수선화 군락지는 단연 돋보였지요. 수만 송이가 피어 짙은 향기를 흩날리고 있는데 아득하지 않을 수 있겠어요? 보통 수선화도 예쁘지만 금잔옥대 수선화는 더 기품 있어요. 수선화 정원에서는 나까지 고아해지네요. 착각이고 오해여도 좋아요.

그런데 오늘 한 지인의 문자 받고 어처구니가 없었어요. 제주도의 난민수용소를 언급하면서 난민들을 보았느냐, 난민들이 다니면 어떻게 무섭지 않겠느냐? 그러는 것이에요. 한마디 해주고 싶었는데 참았어요. '미친 것 아냐?' 이렇게 거칠게요. 인류애 어쩌고 그런 용어 운운할 필요도 없고, 배고프면 같이 먹어야 하고, 추우면 같이 덮어야 한다는 생각뿐이에요. 흥분해서 죄송해요. 전 금잔옥대 수선화는커녕 쇠비름만도 못해요. 쇠비름아 미안해. 이만 총총.

7

방문자는 오늘도 알라딘님 블로그의 포스팅 사진들을 통해서 알라딘 마을의 계절과 공기를 느낍니다. 얼굴을 마주해야만 소통이 아니라 이렇게 시공간을 초월해서 교감할 수 있음이 감사하네요. PC 모니터 덕분인가요?

창문을 여니 온통 눈세상이라고요? 원래 알라딘 마을에 눈이 자주 안 오나 봐요. 혹시 견공과 친해요? 너무 좋아하시네요. 딱 한 줄 포스팅 – 무조건 좋은 날이다 ㅎㅎㅎ 어이쿠, 아재개그 수준! ㅠㅠ입니다.

다시 아재퀴즈로 넘어가서 여기 제주는 눈이 올까요, 안 올까요? 제주에 눈 내리는 장면이 잘 상상이 안 되죠? 뭐 그럴 수 있어요. 따듯한 남쪽나라 이미지이니까요. 맞기도 하고 틀리기도 해요. 눈이 자주는 아닌데 왔다 하면 화끈하게 내리는 곳이지요. 그런데 제주도가 얼마나 크다고요. 제주시와 서귀포시 날씨가 달라요. 한라산을 중심으로 그렇다고 하네요.

자랑질 하려고요. 설경의 최고 풍경을 보았거든요. 1.100고지라고 제주시와 서귀포를 연결하는 도로예요. 해발고도가 1,100m인 데서 붙은 명칭이겠죠. 한라산 중턱이라고 보면 되세요. 도로 양쪽으로 펼쳐지는 장관은 그야말로 그뤠잇~! 내가 눈의 여왕이라도 된 듯, 아니 여왕치고는 채신머리없이 탄성을 지르고야 말았지요. 꺅~꺅~하구요.

직접 보고 나서야 알았어요. 나무가 근사하면 그 나무 위의 눈꽃도 아주 근사하고 굉장해요. 게다가 폭설이 내렸으니 삼나무숲길의 환상적인 설경은 동영상으로 찍어서 알라딘님 블로그에 올리고 싶어요. 이것은 진실을 넘어 진정이고 생각이 아니고 사실이랍니다~.

마지막으로 아재청승, 눈 이야기하니까 생각나는데요. 첫사랑 남자에게 좋아한다는 표현을 점층법으로 표현한답시고 손글씨로 정성

껏 써서 전했어요. 그런데 아직까지 이해 못 했나 봐요. 감감무소식인 것 보니까요.

－눈이 내립니다. 함박눈이 내립니다. 폭설이 내립니다. 눈사태가 났습니다.

온몸에 닭살이 돋고 두드러기가 나려고 한다고요? 나도 그래요. 과거를 되돌릴 수도 없고, 부끄부끄~ 과거는 지나가면 없는 거라는 생각으로 살아야죠 뭐.

화제를 돌려서 제주도에서 전 타관 사람일 뿐이에요. 육지와 제주를 오가는 삶, 이제 겨우 일 년째인 내가 제주를 절대로 통으로 알 수 없지요. 부분적으로 조금씩 알아가고 있는 정도예요. 아메바 세포만큼! 자랑질하다가 낮은 자세로 이만 총총.

8

블로그에 『다이어트 불변의 법칙』 책 소개를 해놓으셨네요. 알라딘님은 돗자리 까셔도 되겠어요. 어떻게 꼭 필요한 책인 것을 아시구요? 지난 가을부터 체중이 불었어요. 당장 주문했지요. 그런데 알라딘님은 먹는 것을 별로 좋아하지 않으세요? 맛집 포스팅은 딱 한 군데, 동네 국밥집만 해놓아서요.

이 겨울, 먹으면 쨍하고 정신이 번쩍 나는 음식이 먹고 싶어요. 보통 메밀국수하면 여름음식으로 생각하는데 아니에요. 냉메밀국수는 겨울에 먹어야 제맛이랍니다. 이냉치냉! 방금 만든 사자성어에요. 역시 난 천재야~ ^^

아, 소개하려니 냉메밀고프다~~!! 라멘 먹으러 당일치기로 일본 다녀오기도 한다는데 메밀국수 먹으러 비행기 타고 서울 다녀올 배짱은 못 되네요.

먹방 프로그램이 대세. 맛집에 대한 관심과 정보가 온-오프 라인을 통해 넘쳐나고 있지만 다들 나만의 맛집 하나는 있지 않나요? 가끔 가족들과 서울나들이 다닌다 하셨죠? 여기 한번 가보세요. 아이들도 좋아할 거예요. 판메밀도 있지만 오이채 가득 올린 우동식 냉메밀이 별미인 곳이에요. 겨울에 들이키는 냉육수는 가슴 속까지 얼얼하게 만들지요. 냉메밀이 10배쯤 맛있어요. 물론 주관적인 평가고요.

압구정 골목길에 위치한 '하루'라는 메밀국수 전문점. 부부가 한 곳에서 20년을 지켜온 곳이랍니다. 강남스럽지 않은 소박한 음식점이에요. 점심시간에는 길에 선채로 20분 정도 기다려야 테이블에 앉을 수 있을 겁니다. 맛집의 시작은 기다림에서부터 아니겠어요?

국물의 깊은 맛은 육수를 마시러 온 건지 메밀면을 먹으러 온 건지 모를 매력적인 맛이더라고요. 주인아주머니에게 물어보니 가다랑어와 다시마 등 18가지 재료로 국물맛을 낸다고 했어요. 삶아진 면발은 냉육수와 만났을 때 굳어지지 않을 정도로 적당히 쫄깃해요. 호기심 많은 내가 또 물었더니 인공색소나 방부제 넣지 않고 녹황색 생야채를 넣어 생즙으로 반죽을 한답니다. 수북하게 담겨 나오는 오이채는 미리 썰어두어 수분이 빠진 것이 아니고 방금 썬 듯 아삭해요.

맛을 정하는 것은 기본적으로 좋은 재료와 음식을 만드는 사람의 정성 그리고 맛을 내는 비법 정도겠지요. 그런데 대중적인 맛집이라면 중요한 한 가지 덕목이 더 있어야 한다고 생각해요. 바로 음식가격 아니겠어요? 이 요소를 제외하고 맛집을 정하는 건 무의미해요. 가장 좋은 식재료와 요리 실력만으로 승부한다면 초고가의 유명식당이나 호텔의 일류 레스토랑만 해당될 수밖에 없으니까요.

'하루' 주인은 여러 시간 정성들여 우려낸 육수니 한 방울도 남기지 말고 마시라 했어요. 어때요, 이 정도면 엄지 척! 아니에요? 혹시 알라딘 마을에 분점을 내고 싶다고요? 아마 안 될걸요. 숱하게 제안받고 있지만 절대 사양하고 조카에게만 한 군데 직영점을 열어주었답니다.

이만 총총.

9

알라딘님, 올해 벌써 세 번째 수경신을 했다고 올리셨네요? 블로그에서 보고 수경신이라는 단어가 생소해서 네이버 삼촌에게 물어보았더니 블라블라~~ 결론은 24시간 잠을 자지 않고 뜬눈으로 자신과 싸우는 것이라니 놀라워요. 왜 하는 건가요? 나이트클럽에서 춤추고 아침해장국 먹느라 밤새운 적은 있지만, 아무것도 안 하면서 뜬눈으로 하루를 꼬박 샌다는 건 상상을 못 하겠어요. 이런 무지한 사람에게 알라딘님은 '도를 아십니까?' 그러실 것 같네요.

그래요. 저 도가 뭔지 몰라요. 수면욕을 물리치는 것이 도라는 생각도 안 들어요. 이것도 기적수업 실천의 연장선인가요? 부인과 함께하셨다니 더 놀라워요. 도인 부부, 표현이 좀 거시기하나요? 부부가 뜻을 같이하고 행동을 같이한다는 사실에 경외심이 들어서요. 누구를 위함이 아니고 자신을 위한 수련이라니 호기심이 발동하긴 합니다.

전요, 하나님만을 위한 하나님은 필요 없다고 생각하는 위험한 신자거든요. 하나님은 이미 영광스러운 분인데 우리가 하나님 영광만을 위해서 살아야 한다는 말, 별로에요. 하나님은 우리가 그런 고행의 길보다 행복하게 살기를 원하지 않으실까요?

마침 지난 주말, 미국에서 온 초등학교 동창 부부를 제주도에서 해후했어요. 이틀을 함께했는데 친구 부부에게 추억 한아름 안겨준 것 같아 기분이 좋아요. 이 친구, 한인교회를 중심으로 미국뿐만 아니라 세계 각국을 돌아다녀요. 클래식음악 하는 청년들로 팀을 이루어 연주하는 집회를 열어요. 서울 대형교회에서 좋은 조건 제시하며 스카우트 했는데 가지 않고 이렇게 나그네 같은 삶을 살고 있네요. 본인이야 좋아서 하는 일이지만 그런 진짜 목사를 남편으로 둔 친구 부인은 힘들 거예요. 위로해주는 일은 좋은 곳에서 시간을 함께하는 일이라 생각하고 제주시와 서귀포를 이틀 동안 계속 왔다갔다 했지요.

그거 아세요? 제주사람들은 제주시와 서귀포시가 멀다고 생각해요. 그래서 누가 서귀포에서 만나자고 하면 제주시에 있는 사람은 그 사람과 정말 친한가 한 번쯤 생각해보고 결정한다는 거예요. 서울 사는 사람은 이동거리 4, 50킬로는 별거 아니라고 생각하는 편인데 말이죠. 이런 말 왜 하는가 하면요, 제주살이 1년 만에 거리 감각이 제주인으로 변했다는 이야기 드리려고요. 나도 제주시와 서귀포가 멀게 느껴지기 시작했어요. 지금 지내고 있는 신제주시 안에서는 어디든 20분 정도면 거의 다 가니까요.

옆지기가 이틀 동안 운전해주고 〈보헤미안 랩소디〉 영화표도 예매해주고 아내의 친구 부부를 잘 섬기더라고요. 내 친구보다 한국을 17년 동안 나오지 못하고 내조한 친구 부인을 보니 샌디에이고에서 이민자로 살고 있는 여동생이 생각났나 봐요. 마음이 안되었다 하면서 무뚝뚝한 경상도 남자가 살가운 정을 보여주더군요. 고마운 일이지요.

함께 산방산 앞에 있는 용머리해안을 산책했어요. 해안의 절벽이 오랜 기간 퇴적과 침식을 반복, 마치 용의 머리처럼 보여요. 특이한 지질학적 특성, 이러면 너무 딱딱한 설명이 될 것 같고요. 단층이 여러 겹으로 되어있어서 바위들의 결이 얼마나 아름다운지 그 환상적인 신비감을 만끽했지요. 걸으면서 본 모든 것이 액자에 담으면 다 최고의 풍경화에요. 화산폭발로 만들어진 천혜의 섬, 제주도라는 감탄이 절로 나와요.

우윳빛 도는 파~아란 물감을 뿌려놓은 것처럼 아름다운 겨울 파도를 보니 어릴 적 동화대회 나갔던 원고가 생각났어요. '철썩철썩 사르르 밀려오는 물결이 조그마한 조약돌을 놀려대며 응석을 부리고 있어요.' 난 왜 이렇게 기억력이 좋은 것일까요?

산책로를 따라서 용머리 쪽으로 가다 보면 큰 네덜란드 상선이 보여요. 하멜표류전시관이에요. 하멜 일행이 조선시대 탐라섬으로 표류한 사실은 아실 것이고!

내일 일을 걱정하지 않고 맡기는 삶을 살고 있는 친구 부부는 평안하고 풍요로워 보였어요. 나이가 들어가도 녹슬지 않는 삶을 이어갈 것이 믿어졌어요.

근데 이 친구 어릴 때 날 놀려대서 싫었어요. 꺽다리, 간짓대 이러면서요. 키 엄청 컸거든요. 지금은 보통인 것 보면 초등학교 6학년 때 성장판이 멈춰버렸나 봐요. 신장만이 아니라 정신의 성장도 멈추었는지 철없다는 소리 가끔 들어요.

이만 총총.

10

기적수업은 딱 알라딘님 같은 사람을 위한 책이라고요? 자칭 따지기 좋아하고 완전히 이해해야 그렇다고 인정하는 사람. 그런데 기적 수업을 공부할수록 이해하기 쉽지 않은 내용이 너무 많고 실천은 더 어려워서 뭘 어쩌라는 건지, 한마디로 빡친다고요? 의심과 두려운 중에도 기적수업을 공부하는 일이 알라딘님은 좋아서 하는 일 아닌가요? 이왕 하시는 것 즐기면서 하세요. 즐기면서 일할 때 누구나 위대함에 이를 수 있다는 말도 있잖아요. 싫어지면 관두면 되지요. 싫은 일을 억지로 하는 일이 가장 스트레스가 심한 일 아니겠어요? 고흐가 그의 동생 테오에게 쓴 편지에서 영혼에 깊이 새겨진 것은 영원히 살아 있어서 계속 그 대상을 찾아다닌다고 했어요. 그 대상이 사람일 수도 있고, 기적수업일 수도 있고, 절대적인 그 무엇일 수도 있겠지요.

대충 얼렁뚱땅 스타일인 저한테도 어렵네요. 맨날 용서해라 그러고요. 정말 그냥 용서면 다 되는 겁니까? 기적수업은 곧 용서다, 뭐 이렇게 정의하면 되나요?

'에고의 마음으로 용서를 하면 항상 실패했고, 바른 마음으로 용서를 실천하면 평안해졌다'고 쓰셨던데 그것을 알면 되는 거 아니에요? 선을 지향하면, 그러기만 하면 나머지는 우리 책임 아니지 않나요? 사실 저도 잘 모르겠어요. 이렇게 쓰고 있지만요. 한순간 모든 것이 평화로워지고 사랑으로 가득한 순간, 그런 순간을 자주 느낄 수 있게 되기를 기도하는 수밖에요. 그리고 누군가의 빛을 보고 있으면 내 안에도 실낱같은 빛이 스며들지 모르니까요.

오늘의 쪽지는 너무 심각하네요. 분위기 전환용으로 에피소드 하나 들려드릴게요 아니 보여줄게요. 성탄절 연극 때 배역을 맡아서 등장인물로 무대에 섰는데 관객들을 보니 머리가 하얗게 되어 아무 생각도 안 나더래요. 멍하니 서 있다가 "대사를 까먹었어요." 하고 들어가 버렸답니다. 그래서 결코 잊을 수 없는 대사가 되어버렸는데 "오빠, 나 쌍꺼풀 수술해줄 거야 보톡스 맞게 해줄 거야?" 이 한 마디를 까먹었던 거예요. 상대방 대사는 "지방흡입이나 해!"였다네요. 그 웃긴 배우가 누구냐고요? 궁금하면 500원~~~~~~~~~~^^

또 한 해가 저뭅니다. 저에게 올해의 인물은 당연히 알라딘님이죠. 하늘은 스스로 돕는 자를 돕는 것이 아니라 하늘은 남을 돕는 자를 돕는다고 그러더라고요. 새해에 하늘이 알라딘님을 반드시 도와주실 겁니다. 받을 복 잘 알아차리세요.

매일 크리스마스~!! 이만 총총.

11

알라딘님, 오랜만입니다. 지난겨울, 잘 지내셨나요? 한동안 컴퓨터를 멀리했습니다. 요즈음 내가 얼마나 건전한지 아마 죽으면 몸에서 사리가 나올 거예요~^^

알라딘 마을은 남쪽이니 일찍 봄기운이 돌겠지요? 제주의 봄맞이는 들불축제부터가 아닌가 그런 생각이 드네요. 제주는 겨울철이면 가축방목을 위해 해묵은 풀을 없애고, 병충해를 없애기 위해 들불놓기 풍습이 있다고 해요. 그 전통 민속을 매년 봄 경칩을 전후해 애월읍 새별오름에서 재현하고 있어요. 마침 주말에 행사를 해서 옆지기와 그 굉장한 장관을 구경하고 왔어요. 비가 좀 내려서 다른 해보다 축소된 축제였다지만 처음 경험해본 저는 뭐든지 새롭고 훌륭한 지역축제로 느껴졌어요. 제주만의 멋진 문화자원으로 자원봉사 중인 제주인들의 표정에서 설렘과 자긍심을 엿보았지요. 외국인들도 많이 보이는 것이 지역축제가 아니라 세계적인 축제로 발전시켜도 좋겠다는 애도심(?)이 생겼어요.

횃불 전달부터 시작되는 메인 행사는 비장한 기운이 감돌았어요. 북소리는 없었지만, 아프리카 원주민들이 둥둥 북을 치고 있는 것처럼 가슴이 뛰기 시작했어요. 소원 기원문 낭독, 그리고 절정의 순간, 오름 불놓기를 하더군요. 비가 내려도 순식간에 오름에 지펴지는 엄청난 불길들을 보니 그곳에 올라 춤을 추고 싶었어요. 아마 전생에 무당이었을지도 몰라요. 활활 타올라 장대한 그 불길을 보니 울컥 눈물이 났어요. 가족들의 죽음이 깊은 슬픔으로 올라왔고, 갑자기 법정 스님 돌아가실 때 뉴스로 보았던 장면, '스님, 불 들어갑니다!' 그 말이 떠올랐어요. 어린 스님들이 서럽게 울기 시작했었죠.

'열정'의 어원이 '고통'이라는 단어에서 나왔다죠? 그렇다면 열정은 고통 속에서 숙성·발효되는 것인가요? 불길이 고통을 안고 살풀이춤을 추는 열정으로 보였어요. 완전연소! 내 마음의 찌꺼기들이 완전연소 되는 순간, 완전체로 살 수 있을까요?

사람에게는 염치라는 것이 있어서 자정능력을 갖게 되고 그래서 그나마 세상이 일정 부분 정화되어 움직이는 것이라고 옆지기가 말한 적 있어요. 겨울의 들판은 이런 식으로 정화되고 봄을 맞네요. 저도 슬픈 불꽃들을 완전 연소시켜서 정화되고 새롭게 봄을 맞고 싶어요. 슬픔은 이제 그만! 가슴을 다스리는 것은 사나운 코끼리를 다스리는 것이라 했지요. 시방느낌은 내 안의 코끼리와 한바탕 놀다가 활활 타오르는 불꽃들에게 내어주고 아무 일 없었다는 듯이 발걸음 가볍게 산을 내려오고 있는 내가 보여요.

내가 바꿀 수 있는 것은 삶이 아니라 삶에 대한 나의 반응방식인 것을요. 이만 총총.

12

알라딘님, 알라딘 마을에 봄꽃들이 새로운 세상을 알리고 있네요. 블로그에 올리신 꽃마리와 하트 모양의 금낭화 사진이 정말 예뻐요. 그 꽃잎들에서 보석 같은 눈물이 뚝뚝 떨어질 것만 같네요.

제주에 또 많은 꽃이 무엇인지 아세요? 천남성이라고 알랑가 몰라~~ 꽃대 올라오는 모습이 수줍은 소녀 같다가 핀 꽃은 코브라를 연상시켜요. 그런데 붉은 열매는 옥수수처럼 알알이 열리고요, 붉고 농염한 여인의 모습 같다고나 할까요? 유독식물이에요. 천남성으로 만든 사약을 받고 장희빈이 죽었다고 해요. 너무 아름다운 것에는 왜 독이 있는 것일까요? 숲길을 걷다 보면 아주 예쁜 버섯들을 만나요. 그런데 독버섯이잖아요. 전 아름답지 않아요. 그래서 독이 없어요. 완전 무공해는 아니고 살다보니 MSG가 덕지덕지 붙은 정도이지요.

알라딘 마을은 담쟁이덩굴이 등판을 시작했고, 논가에 뚝새풀이 보이고 미나리가 솟고 있다고요? 봄이 기지개를 켰군요. 저는 겨우내 제주에 있었어요. 삶은 아주 단순했고요.

아버지 돌아가시고 10년 동안 너무나 힘든 시간을 보냈다고요? 아버지와 따듯한 밥 한 끼 먹고 싶은데 이제는 그럴 수 없다는 사실이 슬프다는 말에 울컥해졌어요. 죽음은 볼 수도, 만질 수도, 함께 음식을 먹을 수도 없는 일이니까요. 충분히 공감하고말고요. 동병상련인 것을요.

힘내라, 기도할게, 그런 말 듣는 것도 싫었어요. 그냥 좀 내버려두면 좋겠어요. 스스로 충분히 애도하게 말이에요. 그렇다고 금욕적이거나 절제된 생활을 하고 있는 건 아니에요. 가족을 잃은 일이 근신해야 하는 일인가요? 다만 자신의 애도에 다른 사람이 개입하는 것을 원치 않아요. 이해하시겠어요? 온전히 나의 슬픔이고 고통이니 내 몫으로 내버려두면 좋겠어요.

참척을 당했던 박완서 선생이 '극복하는 일이 아니라 견디는 일'이라고 하셨어요. 그런 분에게 조의는 아무리 조심스럽고 진심에서 우러나온 위로일지라도 모진 고문이라는 말, 하나도 틀리지 않아요.

그런데 정말 죽은 이는 죽음 이후 너무나 행복한 시간을 보내고 있는데, 남은 자는 슬픔에 빠져 비통해하고 있는 것일까요? 슬픔이 밀려 올 땐 충분히 슬퍼하는 것이 좋다 하니 충분히 슬퍼할게요. 질병을 창조하고, 슬픔을 창조하고, 죽음을 창조한 신에게도 충분히 섭섭해할게요.

제주사람들 눈빛이 슬퍼 보이는 것은 내가 슬프기 때문일까요? 비극적인 역사 속 죽음들을 보고 들은 제주인의 슬픔에 감히 다가갈 수 있겠어요? 제주의 돌들도 슬퍼요. 온통 까맣잖아요. 돌에 난 작은 구멍들은 눈물샘 같아요.

이만 총총.

13

알라딘님, 잠시 당황했어요. 류시화가 옮긴 '당신은 어느 쪽인가' 시를 보내자마자 이런 쪽지를 보내시다니요.

'특별한 관계를 만들지 마라'

짐을 덜어줌도, 짐을 지워줌도 모두 특별한 관계를 만드는 거라 생각한다고요? 짐을 지워준다고 해도 짐을 질 의무는 없고, 짐이란 것이 누군가에게는 짐이요 누군가에게는 짐이 아닌 것이 되기도 한다면서요. 제가 부담을 드렸나요? 기적수업을 스스로 공부하지 않고 자꾸 질문만 해대니 벌써 귀찮아진 겁니까?

알라딘의 마술램프를 기대한 것은 아니에요. 너무 부담스럽다면 멈출게요. '당신은 어느 쪽인가'는 요즘 시에 관심이 많아져서 안부 삼아 보낸 거예요. 시에서처럼 선한 사람도 절반은 악하고, 악한 사람도 절반은 선하다면 저도 절반은 나쁜 사람 아닐걸요? 어이쿠, 그 아래 행을 보니 짧은 인생에서 잘난 척하는 사람은 인간으로 쳐줄 수 없다고 했네요. 내 발등을 내가 찍습니다.

블로그에 올리신 바람의 물결을 알려주는 풀들의 움직임 동영상, 최고였어요. 어떤 ASMR도 이보다 더 근사한 바람의 소리와 풀들이 춤추는 소리를 들려주지 못할 거예요.

다시 제주랍니다. 동에 번쩍 서에 번쩍, 홍길동도 일주일에 한 번씩 비행기 타고 날아다니지는 않았죠. 곶자왈을 아세요? 저더러 제주의 특징을 한 가지만 말하라면 곶자왈이라고 말할 겁니다. 화산 활동으로 생성된 암석들이 쌓인 곳에 만들어진 숲인데 제주의 허파라고 해요. 서귀포에 있는 화순곶자왈을 다녀왔는데 신비의 정원 그 자체에요. 하얀 별이 쏟아져 내린 것처럼 떨어져 쌓인 때죽나무 꽃길을 걸었어요. 향기가 참 좋아요. 방목해서 키우는 소들이 어슬렁거려요. 사람에게 관심도 없네요.

제주 곳곳에 숨어있는 곶자왈을 예전에 여행객으로 올 때는 몰랐어요. 이끼가 자라고 있는 돌무더기, 그 돌들을 뚫고 자라고 있는 나무들의 숨결, 곶자왈을 안 보고 제주를 경험했다고 할 수 없어요. 강추입니다. 걷다 보면 마법의 숲길을 걷는 해리포터가 되지요. 제주여행도 해외여행이 되겠네요. 안 와보셨다면 제주를 첫 해외여행지로 삼아주세요. 꼭요. 이상 제주도 홍보대사의 청입니다요~

이제 또 시작되는 한 주, 바람이 분다 살아야겠다! 이만 총총.

14

알라딘 마을에도 봄이 활짝, 그 봄을 바라보는 알라딘님도 봄봄이시네요. 왜냐고요? 사람은 믿고 싶은 대로 믿고 보고 싶은 대로 보니까요. 오늘도 맑은 공기 푸른 하늘, 잘 상대해주시구요.

퇴근길에 동네 도서관에 들러 책을 빌리면 기분이 좋다 하셨지요? 독후감을 올리신 '타이탄의 도구들' 같은 책을 읽게 될 것 같진 않아요. 전우뇌 인간은 과학스러운 책제목만 봐도 경기하거든요. 간단명료하게 정리해주시니 낯선 책과 짧고 진한 만남을 했네요. 그런데 이 책을 읽고 바로 행동으로 옮겨서 잠자리 정리부터 했다고요? 사소한 일도 중요하다는 작가의 메시지를 즉각 실행하는 독자를 둔 저자의 마음은 흐뭇할 거예요. 그나저나 부인에게 사랑받겠구먼요.

정말 해외여행을 한 번도 안 갔어요? 세계는 넓고 할 일은 많다고 했는데 알라딘님의 경우, 알라딘 마을 안에서 얼마든지 넓고 행복하고 할 일은 많음을 보여주고 있으시네요. 그런데 해외의 다른 마을도 구경해보세요. 알라딘 마을과는 또 다른 정취를 느끼실 거예요.

『우주가 사라지다』를 읽다가 다시 멈추었어요. 기존 성경과 다른 해석에 좀 당황되어서요. 기적수업 내용은 궁금해서 동영상 채널로 몇 개 보았어요. 누군가 핵심만 요약해놓은 낭독을 듣고 세미나 영상도 살펴보았어요. 여전히 갸우뚱하지만 듣고 있으면 편안해지기도 해요.

오랜만에 위례집 뒷산을 다녀왔어요. 아파트에서 5분만 걸어 나가면 울창한 숲길이 펼쳐져요. 남한산성 아래 예전에 군부대였던 지역이라 그동안 민간인 발길이 닿지 않은 곳으로 풍부한 녹지를 품은 숲세권이랍니당~. 신도시 내에서도 중심보다 평균기온이 2, 3도 낮아 시원해요. 여름에도 에어컨 거의 켜지 않고 지내요. 여름으로 가는 길목의 녹음이네요. 연두, 연녹색, 연초록, 초록, 청록색 같은 한 단어로 표현하기 힘든 오묘한 빛깔들로 눈부셔요. 하나님의 칼라 감각은 알아주어야 한다니까요. 전 그냥 짙어가는 초록이라고 할래요.

이만 총총.

15

알라딘님은 블로그에 밝힌 대로 진정 미래지향적인 인간입니까? 과거가 현재에 영향을 미치지 않는 삶을 살고 있다니 부럽기만 해서요. 저도 과거의 일들은 지나가 버린 일로, 없는 거라 생각하고 대수롭지 않게 여길 줄 알았으면 좋겠어요. 기억력이 너무 좋은 건지 과거의 일들을 새록새록 후벼 파고 사는 피곤한 인생이거든요.

그런데 정작 미래는 알 수 없는 것으로 불안하다는 알라딘님 글이 의외로 생각돼서요. 기적수업이 세상을 보는 관점을 달리하는 공부라면 과거와 현재만이 아니라 미래에 임하는 관점도 정리되어 있지 않나요? 불안하다는 표현이 불안해서요. 물론 미래는 불확실하고 어떻게 흘러갈지 모르지만 우리의 의지대로 되는 일이 얼마나 있겠어요. 맡기는 수밖에요. 가족의 죽음을 많이 겪은 전 갈수록 운명론자가 되어가고 있습니다.

알라딘님, 가장으로서의 책임감이 얼마나 강한지 블로그에서 거듭 느끼고 있어요.만약 아파서 일을 하지 못하게 되면 남은 가족은 어떻게 될지 불안한 상상을 하고 두려워진다고 쓰셨지요? 알라딘님, 미래는 공포라는 명제에서 벗어나라고 감히 말하고 싶어요. 미래에 대한 걱정이 반찬이면 상다리가 부러질 정도의 글을 보니 내가 다 걱정이에요. 자연을 사랑하고 평온한 마음으로 감사하는 생활을 하면서도 미래에 대한 불안과 두려움이 큰 이유가 뭘까요? 기적수업을 통해서 누구보다 마음의 힘을 믿는 분 아닌가요? 기적수업에도 마음은 매우 강력하다고 되어 있잖아요.

우리는 알게 모르게 이미 입력된 마음의 잣대대로 행동하는 것 같긴 해요. 절대로 적절한 예는 아닌 것 같지만, 예를 들면 속옷을 겹겹이 입는 편이거든요. 어떨 때는 땀을 뻘뻘 흘려서 동석한 사람이 제발 화장실 가서 속옷 좀 벗고 오라고 할 정도예요. 외할머니와 함께 살았는데 여자아이들이 삼각팬티 하나만 입고 다니는 것을 아주 못마땅해하셨어요. '호랭이 물어갈 년들'이라며 노여워하셨어요. 늘 손녀들에게 "너희들, 나 죽더라도 꼭 빤스 두 개씩 입고 댕겨라!"라고 미리 유언을 거듭하셨어요.

다른 일에는 호탕한 편인 내가 더운 여름에도 긴 속치마를 입고 있다고 하면 놀라는 사람이 있어요. 나도 모르게 외할머니 생전에 남긴 말씀이 머리와 가슴에 박힌 것이지요. 그 근간에는 외할머니가 병석에 누워계셨을 때, 간병한다고 내가 모신 적이 있는데 옆에서 책만 읽고 있었지 정성을 다하지 못했음을 다른 사람은 몰라도 스스로 너무도 잘 알거든요. 그 자책감이 일부 작용하고 있는지 모르겠어요.

기적수업에도 생각은 어느 수준에선가 형태를 낳는다고 하였던 것 같은데요. 그래서 미래에 대한 불안이 심하신 이유가 무엇일까, 그런 생각까지 해보게 되네요.

알라딘님, 난 착한 사람이 아니라 용기 있는 사람이 세상을 이긴다고 믿게 되었어요. 그러니 내가 겹겹이 껴입은 속옷을 벗어버리듯이 미래에 대한 불안일랑 벗어 던져버리세요. 어차피 우리가 산을 들 수도 없고, 머리카락 한 올도 옮길 수 없지 않나요?

알라딘님은 이미 용기 있는 분이세요. 세상은 저지른 자의 몫이라는 말도 있잖아요. 우리가 세상의 딱지, 세상의 완장, 세상의 관계 같은 것들을 벗어던지고 오직 온라인상에서만 생각과 마음을 나누는 지금, 무척 용기 있게 저지른 행동 아닌가요?

봄의 끄트머리, 여름이 계절을 내달라고 하나 봐요. 알라딘 마을 어느 집 담의 만개한 장미덩굴 사진이 시선을 집중시키네요. 역시 장미는 빨간 장미가 최고에요. 장미의 꽃말이 욕망, 열정, 사랑 뭐 그렇지 않나요? 백색장미는 고고한 자태지만 섹시하지는 않지요.

자, 이제 따라해 보세요. 나는 미래에 대한 두려움 대신 기대와 기뼘을 선택한다!

이만 총총.

16

안녕하세요? 환상적인 하늘 사진과 애기부들을 찍어 올린 동영상, 잘 보았어요. 알라딘 마을은 맑은 물이 사시사철 공급되어 애기부들이 서식하기 좋은 환경이라니 사람이 살기에도 좋은 청정지역임을 알고도 남음이 있어요. 꾸준히 블로그 관리하시는 것 보면 존경스러워요. 삶의 향기도 나지만 그 진득한 성실함이 대단하세요. 난 남이 애써 포스팅한 것들을 눈팅만 하는 얌체방문자입니다. 그것도 내 복이죠 뭐.

서귀포에 있는 상효원이라는 영국식 정원 연간 회원권을 샀어요. 거금 3만 원을 투자해서요. 보통 인공미를 강조한 프랑스식 정원과 대조적으로 지형을 자연스럽게 이용한 방식을 영국식 정원이라고 하는데, 전 상효원을 제주식 정원이라고 부르고 싶어요. 자연 그대로의 곶자왈과 계곡, 습지, 울창한 나무로 이루어진 숲, 바위, 일 년 내

내 꽃축제가 열리는 수목원이니까요. 제주를 사랑하는 한 기업인이 25년간 가꾸어 온 비밀의 정원을 개방한 것이래요. 이런 것이야말로 노블레스 오블리주 실천 아니겠어요. 꽤 기온이 높은 날씨였는데도 상효원 안의 곶자왈 숲은 시원했어요. 신비이지요. 아주 격조 있는 수목원이에요, 붐비지도 않고요.

여름에만 볼 수 있는 형형색색의 수국들이 벌써 누런 꽃잎들을 날리고 있더군요. 활짝 필 때는 클레오파트라처럼 화려하고 아름다운데, 질 때는 늙고 초라해진 여인 같아 시든 수국은 별로에요. 대신 태양의 꽃이라는 산파첸스가 가득이네요. 봉선화과 꽃인데 빨갛고 하얗고 분홍빛, 주황빛들로 곳곳에 예쁜 조각보들이 펼쳐진 모습이에요. 꽃말은 '나의 사랑은 당신보다 깊다'라네요. 배롱나무의 진분홍꽃도 함께 여름정원을 이루고 있었어요. 목백일홍나무라고도 하지요. 꽃길만 걸은 오늘이랍니다.

다음에 올 때는 책 들고 와서 그네의자에 앉아 종일 빈둥거려보고 싶어요. 벌써 가을 국화축제가 궁금해요. 가을이면 소국 꽃다발 한가득 항아리에 꽂아놓으면 참 행복해져요. 그중에서도 황금빛 소국이요.

알라딘님, 맨 처음 쪽지에 밝힌 대로 기적수업이 궁금한 계기는 지식이 아니라 평화를 얻고 싶어서였어요. 이 혼돈과 의심을 그대로 가지고 갈게요. 기적수업을 접할수록 내가 믿는 진리와 다를 때가 있어요. 이해하실 거죠?

전 성경만 공부했던 사람도 못 됩니다. 어릴 때부터 교회만 다녔지 성경을 많이 보지 않은 날라리 신자거든요. '진리는 오직 경험 될 뿐이다'란 말도 쉽게 와 닿지 않네요. 보지 않고 믿는 일도 있으니까요. 저의 한계예요. 이만 총총.

17

블로거님 안녕하세요? 또 오랜만이죠. 요통이 심해져서 한동안 뻗었어요. 허리 아프면 무조건 쉬는 게 장땡입니다. 체험신앙이에요. 걱정 안 하셔도 된다는! 다행히 지금은 일하지 않고 제주에 두 달간 머물 수 있는 환경이에요. 심리학자가 행복은 마음보다 몸이 우선이라 했는데 전적으로 공감해요. 몸이 안 좋으면 급우울해지니까요. 더는 제 몸에 통증을 초대하고 싶지 않아요.

기적에는 난이도가 없다고 했나요? 병에도 난이도가 없다고 생각해요. 내가 할 수 있는 것이 아무것도 없을 때, 고통이 어떻게 해도 사라지지 않고 괴롭힐 때 모든 것을 맡기고 기도하는 수밖에요. 신에게 항복하기 가장 좋은 때지요.

오늘도 천천히 걸어가며 자라는 벼들과 곳곳의 풀들과 개구리와 흰 새들을 구경하다가 출근시간이 늦어졌나요? 구름들이 알차게 영글고 익으면 제일 먼저 알라딘님의 눈에 들어오겠지요? 느끼고 아는 자에게 금방 보일 테니까요.

걸으면 살고 누우면 죽는다는 말, 명심하고 있어요. 소개해주신 『제대로 걸어야 제대로 산다』는 책도 구입하려고 해요. 그래서 오늘 잠깐 걸었어요. 왕복 4킬로미터 구간인데 절반만 걸었어요. 숨은 명소인데 특별히 알라딘님에게 공개할게요~.

고살리숲길을 걸었어요. 서귀포 중에서도 남쪽에 있어요. 대로변에서 표지판을 보고 입구 쪽으로 2미터쯤 지나자마자 바깥 공기와 전혀 다른 아주 신선한 공기와 바람이 맞아주는 겁니다. 탄성이 절로 나왔어요. 흙길을 보자마자 운동화부터 벗었어요. 어싱이라는 말이 생각나서요. 맨발로 땅과 접지하고 있으면 치유 효과가 있다고 포스팅한 글, 블로그에서 봤어요. 촉촉한 흙길과 돌길을 맨땅요법으로 실천하고 나니 뭔가 해냈다는 자부심이 들었답니다. 보통 제주는 물이 흐르지 않는 건천인데 숲길 옆으로 난 속괴라는 곳에 물이 고여 있었어요. 작은 폭포도 있고요. 꽤 오랫동안 발을 담그고 있었어요. 한적했거든요. 이런 비경에 인적이 드물다는 사실이 제주의 큰 매력이지요.

제주의 숲들은 그 존재 자체만으로 정화기능을 갖춘 곳이에요. 제주에도 미세먼지 영향이 있는지는 모르겠는데 집의 화분들을 보면 닦지 않아도 푸른 잎들이 반질반질해요. 저도 제주에서 조금만 더 살면 뺀질뺀질 참기름집 딸처럼 될까요? ^^

숲길을 걷고 나서 건강한 밥상을 대하면 충일한 하루를 보낸 행복감이 들지요. 제주에서 제일 좋아하는 밥집은 말 그대로 밥이 보약인 '밥이 보약' 음식점이에요. 먹는 것이 곧 그 사람이라 했는데 이곳에서 식사하면 매번 만드는 사람이 곧 그 음식이라는 생각이 들어요. 사찰음식으로 유명한 스님의 제자라고 누가 귀띔해주었어요. 우스개로 남의 살은 없는 곳이에요. 소박한 채식상차림이지요. 먹을 때마다 '아, 행복하다!' 소리가 절로 나와요. 정성 가득한 자연식 상차림을 경험하면 아실 거예요.

옹기그릇에 담겨 나온 제철 식재료의 샐러드와 매생이전, 발효음식 장아찌 등의 기본 반찬들, 장인이 만든 유기그릇과 수저는 격조 있는 밥상이지요. 비빔밥, 순두부찌개, 수제비가 9,000원씩이랍니다. 말도 안 돼~!!

이만 총총.

18

어머, 알라딘님, 가족들과 인사동 나들이 다녀왔다고 블로그에 올리셨네요. 막 인사동 생각하고 있었거든요. 친구 문자 때문에요. 텔레파시 성령이 임했나요? ^^

인사동 '장자의 나비'라는 음식점을 좋아하는 친구가 그곳이 없어진다고 알려 주네요. 부추전과 수제막걸리로 유명한 곳이거든요. 친구가 많이 섭섭한가 봐요. 아마 이러고 있을 거예요. "내가 꿈속에 나비로 변한 것인가, 아니면 나비가 꿈속에서 나로 변한 것인가." 장자의 예화에 나오는 '장자의 나비'가 음식점 이름이라니 멋지지 않아요?

그런데 손으로 만든 공책을 아이들에게 선물하기 위해 서울행을요? 두 분 정말 멋진 부모네요. 수제 노트의 종이 질감이 특별하듯이 아이들이 세상에 하나뿐인 그 노트를 쓸 때마다 마음이 반짝일 것만 같아요. 인사동에 가끔 나가서 부추전이나 먹고 막걸리나 마신 나와는 차원이 다르네요.

쌈지길의 커다란 버드나무가 인상적이었다고요? 인사동에 버드나무가 있었나요? 몰랐어요. 버드나무는 물가 주변에만 있는 줄 알았죠. 큰 감나무가 있는 '지리산' 한옥음식점은 저도 알아요. 뭐 조정구 건축가 작품이라고요? 관심도 없어요. 거기 홍어무침 맛있거든요~^^

하루만에 서울 다녀오고 몸은 왔는데 영혼은 아직 따라오지 못했는지 정신이 없다고요? 당연하죠. 그 먼 길을! 서울에 잠잘 곳도 많은데 가족들과 하룻밤 외박하지 무리했네요. 다음엔 북촌이나 서촌에서 한옥 체험해보세요. 하기야 알라딘 마을에 한옥 천지겠네요. 전 밀양 청운리 안씨가옥에 묵은 적 있어요. 씨족 공동체와 과객들을 배려하며 사는 명문가의 생활공간이 어떤 것인지 아주 인상적인 경험이었답니다. 그럼 어쩌나, 아 좋은 생각이 났어요. 강남 초고층 호텔을 잡는 거예요. 그냥 확~ 질러버리세요.

정말 인사동을 사랑하시군요. 나도 인사동 좋아해요. 예전 같지 않아도 인사동은 인사동만의 분위기와 멋이 있으니까요. 골목길을 무작정 다니다 보면 골목마다 이야기를 담고 있는 것을 발견하게 되지요. '스타벅스'라는 간판이 들어왔을 때는 속상했어요. 인사동에 '스타벅스'라니 ㅠㅠ입니다.

혹시 '꼴액자'도 아세요? 가끔 가는 액자전문점이에요. 오직 나무 액자만을 만들기로 유명한 곳이죠. 나무의 결을 살려 액자 안의 작품을 최적으로 보여줘요. 가게 안에 목공소가 있어서 나무 다루는 모습을 보기만 해도 좋아요. 사람이 나무와 있을 때 가장 편한 상태이고 나무만큼 사람에게 유익한 것은 없다고 생각하는 장인이 주인이세요. 아마 알라딘님 정서와도 잘 맞을 것 같네요.

그런데 가끔 강직하고 정적인 인사동 사람들 틈에서 위축되고 이방인 같을 때가 있어요. 뭐랄까, 그들은 자연이나 생명 같은 것에 의미를 두고 천천히 살아가고 있는데 저는 '바쁘다 바빠.' 하면서 내면의 아름다움은 채우지 못한 채 질척거리며 살아가고 있으니까요.

그래도 인사동에 나가면 쉼표가 생겨요. 비원 앞에 '지유명차'라는 보이차 전문집 있어요. 천만 원이 넘는 보이차를 파는 곳이기도 하지만 일단 테이블에 앉으면 직원이 따라주는 차를 시음하며 잠시 쉬었다 갈 수 있는 곳이기도 해요. 운이 좋으면 판소리 한 대목을 라이브로 들을 수도 있어요.

보이차는 기혈의 순환을 적절히 하여 몸의 복원력을 유지해준다고 해요. 그런데 나는 기가 좀 약한지 보이차 중에서도 생차보다는 숙차가 맞아요. 이것도 몸이 말을 하는 것이겠죠. 커피를 줄이고 보이차를 가까이 해보려구요.

좀 특별한 절대 멋에 사는 사람들을 만나기도 해요. 고수들이 모이는 곳이죠. 자사차호에 꽂히면 다른 건 다 안 보이나 봐요. 난 그냥 비슷한 차주전자로 보이는데요. 사실은 나도 예쁘고 비싸 보이는 차호를 갖고 싶더라구요. 그럴 땐 그림의 떡이려니 해버려요. 그곳에서 본 글귀가 있어요.

'사람 세상 모든 맛 두루 보았건만 차의 고향 보이에서 나는 은호를 노래할 뿐~'

이만 총총.

19

두 달째 비행기 타지 않고 꼬박 제주에서 여름을 지내고 있어요. 거의 변화가 없고 단순한 하루를 보내요. 아침에 옆지기 출근시키고 조금 걷다가 들어와서 빨래하고 밀린 집안일 하다 보면 또 금방 저녁식사 준비할 시간이 다가와요. 여기는 서울과 달리 거리가 짧아서인지 약속 없으면 6시 조금 넘어 너무 빨리 퇴근하네요. 그래서 내가 그랬다니까요. 제주 사람들은 부부 사이 안 좋으면 참 힘들겠다고요. 서울에서 살 때는 저녁식사를 보통 8시 넘어 했거든요. 미국 생활을 잠시 했을 때 5시만 되면 퇴근해서 잔디 깎고 있는 남자들이 신기했는데요.

단순한 삶이 어떤 건지 궁금하세요? 음, 제주에 아는 사람이 거의 없으니 약속할 일 없고요, 동대문 새벽시장이 없으니 쇼핑할 일 없고요, 코스트코 같은 초대형 마트가 없으니 동네 마트에서 재료 사서 간단한 요리만 하고요, 넷플릭스에서 미드 지정생존자 시즌 3가 공개되었다 해도 궁금하지 않아요. 지정생존자 시즌 1, 2는 오줌 마려운 것도 참아가며 밤새워 보고 그랬거든요. 그리고 미워했던 사람이

한 명도 생각나지 않네요. 대충 이 정도에요.

부럽나요? 가족들과 제주도로 이주해 오세요. 제주도민증이 있어야 할인되는 곳이 많아요. 삼다수 생수도 도내 판매용으로 더 싸요. 자동차 운행거리 사진 찍어 보냈더니 보험사에서 20만 원이나 되돌려 주네요. 웬만한 거리는 걸어서 다니거든요. 누구나 다 아는 이런 정보, 아무한테나 가르쳐주는 거 아니에요. 결초보은 알라딘님에게 특별히 공개하는 것이랍니당~^^

제주의 여름은 습해요. 마른 더위가 아니라 끈적끈적해요. 계속 제주에 사는 사람들은 잘 모르겠다는데 난 비교가 되더라고요. 처음으로 제습기를 써보고 깜짝 놀랐어요. 금방 물통이 가득 차서 비워주어야 해요. 그래서 햇볕이 쨍하고 강하다 싶으면 빨래 들고 얼른 옥상으로 가요. 뽀송뽀송하게 빨래 말리고 나면 기분이 참 좋아요. 제아무리 건조기가 좋다 해도 자연 햇살에 말린 빨래의 감촉은 못 따라갈걸요. 유럽 여자들이 해만 나면 토플리스하고 일광욕하는 기분을 알겠어요.

제주의 여름 별미는 뭐니 뭐니 해도 한치죠. 제주 사람들은 오징어 잘 안 먹어요. 한치를 더 귀하고 맛있는 것으로 생각해요. 더운 여름에 먹는 시원한 한치물회는 최고의 피서 음식이랍니다. 주말 외식으로 '도두 해녀의 집' 갔는데 한치가 벌써 떨어졌다네요. 못 먹고 나왔어요. 여긴 해녀라든가 어촌계 이름을 함부로 쓸 수 없다고 해요. 그러니까 해녀, 어촌계 이런 말이 들어가 있는 음식점 간판은 믿을 만하다는 거죠.

한치 대신 일몰 구경이라도 하고 싶어서 애월쪽으로 갔어요. 서쪽인 애월바다에서 보는 해넘이는 참 근사해요. 매일 바다색이 다른 것처럼 매일 해 모양도 달라요. 아주 동그랗게 예쁜 해는 날이면 날마다 있는 것이 아니랍니다. 일몰 후 아름답고 신비한 제주만의 여름 풍광이 펼쳐지는데요. 요즘 제주 바다는 한치잡이가 한창이거든요. 미리 자리를 잡은 배들이 주욱 늘어서 있다가 깜깜해지면 일제히 배에서 내뿜는 집어등 불빛 행렬이 아주 환상이에요. 고흐가 론 강가에서 본 밤풍경을 그렸다는 '아를의 별이 빛나는 밤' 작품이 생각나요. 별빛 그림자와 불빛 그림자가 닮았어요. 옆지기가 사진을 찍더니 '애월의 불빛이 빛나는 밤'이라고 작품명을 붙이네요. 무덤덤한 사람도 제주의 밤바다를 바라보고 있으면 시인이 되나 봐요.

저 빼곡한 집어등 불빛들 너머에 반짝반짝 마술나라가 있을 것만 같아요.

이만 총총.

20

알라딘님, 세상에 눈에 탈이 났다니 걱정입니다. 포스팅이 한동안 뜸해서 궁금했어요. 바쁘시겠거니 했지요. 도대체 이해가 안 돼요. 재미있는 책들을 발견해서 5권을 동시에 읽기 시작했는데, 시간 가는 줄 모르고 읽다 보니 눈을 상하고 말았다니요. 그렇게 책을 좋아하는 사람은 처음 보았어요. 책 많이 읽으면 기적이 일어납니까? 알라딘 램프의 지니라도 나타나 준답니까? 마구 화가 나려고 해요. 눈이 상할 정도로 책을 읽다니요. ㅠㅠ입니다 정말로. 당분간 하늘 보고 멍 때리는 시간을 많이 가지세요. 글자는 단 한 글자도 보지도 말고 쓰지도 마세요. 이 글도 한 달 후에 보세요, 제발! 열혈방문자의 부탁이에요 아니 명령입니다.

걱정 또 걱정이 되어서요. 여기 제주에 태풍이 불면 바다도 시커멓게 무서운 바다로 돌변하거든요. 그 바다 앞에 선 기분이에요 지금. 해변 갯바위 근처 긴 풀잎들은 누워서 흔들거리고 있고요. 여기 비는 직선 아닌 사선으로 내릴 때가 많아요. 바람과 함께 다녀서 휘몰이처럼 오기도 해요. 내 심경이 지금 그래요. 알라딘님이 눈이 안 보여서 내 글을 못 읽는다면 많이 슬플 것 같아요. 동성보다 이성이 주는 뭔가 모를 긴장감, 호기심 그런 거 다 버릴 테니 제발 아프지만 마세요. 아 하나님, 기적수업은 지금 필요해요! 기적을 주세요.

알라딘님은 진 웹스터 소설 〈키다리아저씨〉의 키다리아저씨 같은 분이세요. 다리가 길던 짧던 키다리아저씨 같은 존재에요. 가족을 잃고 깊은 슬픔 속에 있는 내게 치유천사처럼 나타나셨어요. 기적수업이라는 단어에 대해 계속 질문하고 의심해도 성실히 답해주셨죠. 덕분에 내 안의 하나님을 회복하고 정서적으로 안정되었는데 정작 아픈 알라딘님에게 아무 도움도 드릴 수가 없네요. 쪽지로만 소통하니 기도밖에는 보답할 길이 없어 기도합니다.

알라딘님, 내가 보낸 쪽지글을 읽으면 재미있다 했지요. 한 달에 35달러씩 받은 주디는 한 달에 한 번씩 편지를 썼어요. 키다리아저씨 스미스는 편지를 받기만 하고 답장은 하지 않는 인물로 나오는데 알라딘님도 평생 답장 안 주셔도 좋아요. 제발 아프지만 마세요.

아, 블로그를 통해 볼 수 없는 알라딘님 내면의 성숙과 아름다운 고뇌, 생각만 해도 끔찍해요. 주디는 키다리아저씨의 후원을 받아 잘 자랐어요. 소설의 결말 못지않게 우정도 세상에 남기는 아름다운 덕목이라고 생각해요. 그 우정, 온라인으로 싹트고 있는 거 맞죠?

지난번 쪽지에 『친애하는 미스터 최』라는 책 이야기 드렸지요? 40년 동안 나눈 우정의 편지를 엮은 책이요. 사노 요코는 아이들 동화책 『아저씨 우산』으로 처음 알게 되었는데, 분위기가 참 맑고 명랑해 보였다고 하셨지요? 사노 요코와 미스터 최에 비하면 우리는 이제 막 우정을 시작했는데, 그들처럼 꾸준하고 깊어지려면 앞으로 39년이나 남았어요.

눈은 아주 중요한 신체기관이잖아요. 물론 코털 하나까지 중요하지 않은 것이 없지만, 눈을 잃고 사랑하는 가족을, 좋아하는 알라딘 마을의 하늘을, 들풀과 씀바귀 꽃을 못 보게 된다면! 아직 자는 중인 무당벌레 옆에서 토끼풀로 반지놀이 할 수 없다면! 아, 그리고 블로그의 좋아요 하트도, 방문자의 댓글도 못 본다면 너무 잔인한 일이에요. 상상만 해도 싫어요. 알라딘님의 눈만 낫는다면 제 영혼의 한 부분이라도 팔고 싶은 심정이에요 지금!!

알라딘 마을 소식이 잠잠한 동안 난 제주국제관악제 개막 공연을 다녀왔어요. 제주가 관악 쪽에 강한 거 아세요? 제주 음악인들이 삼다도의 바람을 바람(Wind)뿐 아니라 관악(Wind Music)이라는 뜻이 있다고 해석할 정도랍니다. 오름의 분화구는 관악기의 나팔과 닮았고, 해녀의 숨비소리는 관악의 선율과 맞닿아 있다는데 절묘한 비교라는 생각이 들어요.

관악으로 편성된 윈드오케스트라 연주회 경험은 처음이에요. 웅장하고 힘찬 소리들이 매력적이었어요. 때로는 포효하는 듯하고 때로는 애달프게 우는 듯 그 어떤 악기 편성보다 드라마틱했어요. 두 팔 없이 태어나 발가락으로 호른을 연주하는 독일의 호르니스트 연주는 숨쉬기가 힘들 정도로 감동적이었어요. 손가락보다 발가락이 더 아름다울 수 있고, 호른이 얼마나 아름다운 소리를 빚어내는지를 시종 열정적이고 밝은 모습으로 보여주었어요.

초청연주자로 피아니스트 선우예권, 굉장했어요. 멋진 외모라는 것은 알았지만 뛰어난 실력자임을 라이브연주로 확실히 보여주더군요. 어머니가 제주분이라고 들었어요. 앵콜곡 라 캄파넬라를 연주하는 동안은 환상적인 종소리가 마구 들리는 것만 같았어요. 테크닉뿐만 아니라 풍부한 표정의 연주자였어요.

실내 공연장에서만 관악제를 하는 것이 아니에요. 제주해변, 천지연폭포, 성산포, 자구내 포구 같은 곳에서 일주일간 계속되어요. 환상적이고 마법 같은 시간들이 상상이 되세요? 이 모든 공연이 무료라니 이것도 마법 아니겠어요? 곳곳에서 마스터 클래스도 하고요. 내년에도 꼭 갈래요.

기억해요 알라딘님, 블로그에 몸은 내가 사랑해주고 노력하는 만큼 좋아진다고 쓰셨지요? 공부 욕심도 몸을 더 사랑하고 아낀다면 조절이 되어야지요. 그렇지만 욕구나 욕망은 마음에 관한 것이라서 조절하기가 쉽지 않다는 말씀은 절대로 지금 하지 마세요.

『우주가 사라지다』를 다시 전자책으로 구매했어요. 종이책의 손맛은 없지만 문명의 혜택이라고 생각해요. 몰래몰래 스마트폰으로 보려는 건 아니고요. e북의 장점은 무엇보다 귀로 듣는 책읽기잖아요. 기계음은 별로지만요. 알라딘님, 다시 부탁할게요. 당분간 눈을 강제 휴식하고, 무조건 e북으로 듣는 독서 하세요 꼭요~.

자, 반사 들어갑니다! 블로그에 올리셨던 격언,
'너는 네가 옳은 것이 좋은가 네가 행복한 것이 좋은가?'

친애하는 미스터 알라딘, 제발 아프지 마세요. 새들도, 나무들도 당신의 쾌유를 빌고 있어요.
이만 총총.

그대가 나의 편지

초판 1쇄 인쇄 2019년 11월 11일
초판 1쇄 발행 2019년 11월 15일

지은이 김애옥
펴낸이 박성복
펴낸곳 도서출판 연극과인간
주 소 01047 서울특별시 강북구 노해로25길 61
등 록 2000년 2월 7일 제6-0480호
전 화 (02)912-5000
팩 스 (02)900-5036
홈페이지 www.worin.net
전자우편 worinnet@hanmail.net

ISBN 978-89-5786-712-9 03810

값은 뒤표지에 있습니다.